GEORG ROEBER · DER BUNDESGERICHTSHOF
UND DIE PROBLEME
DES KÜNSTLERISCHEN LEISTUNGSSCHUTZES

Schriftenreihe der UFITA Heft 21

Archiv für Urheber-, Film-, Funk- und Theaterrecht

Herausgegeben von Dr. jur. Georg Roeber, München

DR. JUR. GEORG ROEBER, MÜNCHEN

Öffentlich bestellter und vereidigter Sachverständiger für die Wirtschaftsgebiete des geistigen Schaffens (Kulturwirtschaft), insbesondere Film, Funk, Theater

DER BUNDESGERICHTSHOF UND DIE PROBLEME DES KÜNSTLERISCHEN LEISTUNGSSCHUTZES

VERLAG FÜR ANGEWANDTE WISSENSCHAFTEN

BADEN-BADEN 1961

Druck: Bintz- und Dohany-Druck, Offenbach/Main.

Inhaltsverzeichnis

VORWORT

Mit den Entscheidungen des Bundesgerichtshofs vom 31. Mai 1960 haben grundsätzliche Fragen des künstlerischen Leistungsschutzes eine Antwort gefunden. Nach Maßgabe dieser Entscheidungen bestimmt sich für die Bundesrepublik fortan geltendes Recht.

Es erscheint müßig, sich unter diesen Umständen noch mit dem vorausgegangenen Schrifttum auseinanderzusetzen, das sich in überreicher Fülle anbietet und sich unter Hervorkehrung völlig konträrer Auffassungen mit den Möglichkeiten einer rechtlichen Beurteilung und der richterlichen Entscheidung befaßt.

Der Bundesgerichtshof selbst hat in seinen Entscheidungen davon abgesehen, sich mit dem Schrifttum zu befassen, kaum, daß er es zitiert hat. Man mag dies bedauern. Wenn man sich jedoch in die Gedankengänge des Bundesgerichtshofs einliest und vertieft, wird man zugeben müssen, daß seine Entscheidungen zum künstlerischen Leistungsschutz auf eigenen Fundamenten stehen und aus einer einheitlichen Grundkonzeption erwachsen sind. Darin zeigt sich einerseits der besondere Reiz dieser Entscheidungen mit einer erstaunlichen Fülle an Gedanken und Kombinationen. Andererseits schlummern in den Entscheidungen die Gefahren des Präjudiziellen.

Für eine Kritik der Entscheidungen wird man demzufolge nicht so sehr auf einen Vergleich mit diesen oder jenen Auffassungen des Schrifttums als vielmehr auf die eigenen Grundlagen dieser Entscheidungen abzustellen haben. Dabei zeigen sich vielfältige Zusammenhänge mit allgemeinen Grundsatzfragen der Rechtsordnung.

Der Bundesgerichtshof bezieht in seinen Entscheidungen für die Zuerkennung eines Höchstmaßes an subjektiven Rechten äußerste Grenzpositionen der Rechtssatzung und der Gesetzesinterpretation. Er tut dies in einem Zeitpunkt, in dem national und international so gut wie alle Vorarbeiten für eine gesetzliche Regelung abgeschlossen sind. In voller Kenntnis der Wesensverschiedenheit und der entgegenstehenden Reformabsichten setzt der Bundesgerichtshof Recht aus einer schon längst als fragwürdig erkannten Fiktionsregelung des geltenden Urheberrechts und aus Generalklauseln des allgemeinen Rechts.

Der Bundesgerichtshof leitet aus Verbotsnormen des allgemeinen Rechts (Generalklauseln), insbesondere dem allgemeinen Persönlichkeitsrecht, positivrechtliche Nutzungsbefugnisse her. Trotz der Abstellung des Schutzes auf persönlichkeitsrechtliche Erwägungen werden allgemeine Grundsätze und Leitgedanken des Urheberrechts auf ausübende Künstler angewendet.

Dies gilt vor allem für das urheberrechtliche Beteiligungsprinzip mit dem daraus resultierenden Tantiemeinkasso von Verwertungsgesellschaften für Leistungsschutzrechte.

Der Bundesgerichtshof etabliert den Leistungsschutz, zumindest für die Übergangszeit bis zur gesetzlichen Regelung, auf Grundlagen, die den ausübenden Künstlern die Möglichkeit geben, sich rechtlich zu einer neuen Gruppe von Urhebern zu entwickeln. Er schützt die ausübenden Künstler aus dem Persönlichkeitsrecht besser, als es die Werkurheber aus dem Urheberrecht sind. Er gewährt Leistungsschutz, ohne zu verlangen, daß die Leistung, um schutzwürdig zu sein, die Merkmale individueller Prägung aufweist und erweitert mit der Nivellierung der Schutzvoraussetzungen den Personenkreis der Leistungsschutzberechtigten bis hin zu den Erbringern von Sportleistungen.

Bedeutung und Auswirkungen der Entscheidungen müssen erkannt werden. Dazu bedarf es einer Analyse der Entscheidungsgründe nach Methode und Ergebnis. Die vorliegende Schrift bemüht sich in dieser Richtung.

Vorausgegangen sind vier kritische Beiträge des Verfassers in „Film und Recht". Auf diese Beiträge gehen die Ausführungen der vorliegenden Schrift zurück.

München, im März 1961

Georg Roeber

Einführung

Bei den vier Grundsatzentscheidungen des Bundesgerichtshofs vom 31. Mai 1960 [1]) geht es um die Bestimmung 1. der Rechtsposition ausübender Künstler, 2. des originären Rechtsträgers und 3. des Umfangs der Rechte. Es war zu entscheiden, ob und wie der einzelne Musiker, auch wenn er Mitglied eines Orchesters ist, an seiner Leistung Rechte wie folgt in Anspruch nehmen kann: das Recht zur öffentlichen Aufführung, das Recht zur Sendung und das Recht zur öffentlichen Lautsprecherwiedergabe von Rundfunkmusik in gewerblichen Betrieben.

Dieserhalb liefen

um das Aufführungsrecht

der Rechtsstreit, den GEMA und BIEM gegen neun Schallplattenhersteller mit dem Festellungsbegehren angestrengt hatten, daß keiner der Schallplattenhersteller an den erlaubterweise von ihnen hergestellten Schallplatten ein öffentliches Aufführungsrecht besitzt (I ZR 53/58)[2]);

im Bereich des Senderechts

der Rechtsstreit der Deutschen Orchestervereinigung e. V. gegen den Sender „Freies Berlin" mit der Geltendmachung des Verbotsanspruchs wegen der zwar mit Zustimmung der Bühnenleitung und des Gastdirigenten, nicht jedoch mit Zustimmung auch jedes Orchestermitglieds erfolgten Tonbandaufnahme einer bühnenmäßigen Aufführung der Oper „Figaros Hochzeit" (aufgeführt in der Städtischen Oper Berlin) und der Benutzung dieser Tonbänder zu Sendezwecken (I ZR 64/58) [3]);

der Rechtsstreit, den die Deutsche Orchestervereinigung e. V. mit Geltung für 28 Orchestermitglieder gegen den Dirigenten eines früheren Orchesters auf anteilige Zahlung angestrengt hatte, weil dieser Dirigent dem Rundfunk die Zustimmung gegeben hatte, live-gesendete Darbietungen seines Orchesters für Wiederholungssendungen auf Tonband aufzunehmen, ohne dieserhalb die Zustimmung jedes einzelnen Orchestermitglieds eingeholt und die Orchestermitglieder am bezogenen Sendeentgelt beteiligt zu haben (I ZR 71/58) [4]);

---

[1]) BGHZ 33, 1 ff. Mit Gründen und amtlichen Leitsätzen veröffentlicht in UFITA Bd. 32 (1960) S. 200 ff. und NJW 1960, 2043 ff. = GRUR 1960, 614 ff.

[2]) BGHZ 33, 1 ff. = UFITA Bd. 32 (1960) S. 200 ff. Diesem Urteil hat der BGH das Stichwort beigegeben: „Künstlerlizenz bei öffentlicher Wiedergabe von Schallplatten".

[3]) BGHZ 33, 20 ff. = UFITA Bd. 32 (1960) S. 223 ff. Diesem Urteil hat der BGH das Stichwort beigegeben: „Rundfunksendung Figaros Hochzeit".

[4]) BGHZ 33, 48 ff. = UFITA Bd. 32 (1960) S. 236 ff. Diesem Urteil hat der BGH das Stichwort beigegeben: „Orchester Graunke".

um das Recht zur öffentlichen Lautsprecherwiedergabe von Rundfunkmusik

der Rechtsstreit der Deutschen Orchestervereinigung e. V. gegen drei Düsseldorfer Gastwirte, die für ihre Gäste Rundfunkmusik durch Anstellen des Lautsprechers hörbar gemacht hatten (I ZR 87/58)[5]).

Der Bundesgerichtshof hat das Aufführungsrecht für ausübende Musiker an Tonträgern (Schallplatten) aus § 2 Abs. 2 LitUG, das Senderecht und das Recht zur öffentlichen Lautsprecherwiedergabe von Rundfunkmusik dagegen bereits aus allgemeinem Persönlichkeitsrecht bejaht. Er hat jedem einzelnen der beteiligten Musiker solche Rechte zuerkannt, jedoch bei Orchesterdarbietungen Einschränkungen für die Ausübung des Rechte wie folgt vorgenommen: Wahrnehmung im Zweifel durch den Orchesterleiter oder Orchestervorstand und Duldungspflicht bei Theater- oder Orchesterunternehmen der öffentlichen Hand.

Die ergangenen Entscheidungen binden formell nur die Prozeßparteien. Die in den Entscheidungen entwickelten Grundsätze aber schaffen geltendes Recht[6]). Wenn auch Fälle von Ansprüchen ausübender Musiker zu entscheiden waren, kommt den die Entscheidung tragenden Grundsätzen doch Bedeutung für den Gesamtbereich der ausübenden Künstler zu.

Mit dieser allgemeinen verbindet sich eine fundamentale Bedeutung der vier BGH-Entscheidungen für das Urheberrecht und dessen weitere Entwicklung. Nicht nur die Ergebnisse, auch die Art ihrer Herleitung sind als Ausdruck einer schöpferischen Rechtsprechung zu werten.

Die Rechtsprechung des Bundesgerichtshofs, der im Jahre 1960 auf zehn Jahre seiner Tätigkeit zurückblicken konnte, hat sich rechtsfortbildend in drei Grundetappen vollzogen, die aufeinander aufbauen und sich gegenseitig verzahnen: die erste Etappe ist gekennzeichnet durch die Anerkennung eines allgemeinen Persönlich-

---

5) BGHZ 33, 38 ff. = UFITA Bd. 32 (1960) S. 243 ff. Diesem Urteil hat der BGH das Stichwort beigegeben: „Künstlerlizenz bei öffentlicher Wiedergabe von Rundfunksendungen".

6) Siehe Ernst E. Hirsch, Vorrede zur Schrift von Helena Papaconstandinou, Schutz des ausübenden Künstlers. Zur Kritik des geltenden Rechts und der Reformvorschläge. Schriftenreihe der UFITA, Heft 17. Baden-Baden 1960 (Hirsch, im folgenden zitiert nach der Seitenbezeichnung des Sonderdrucks): „Dies eben ist das Gefährliche dieses Verfahrens, daß ein sogenannter ‚Musterprozeß' zwar äußerlich im Namen zweier Einzelrechtssubjekte, in Wirklichkeit aber im Interesse ganzer Gruppen und Verbände geführt und von diesen auch finanziert wird, weil die in der konkreten ‚Einzelsache' ergehende Entscheidung des höchsten Gerichts zwar nicht rechtlich, aber faktisch präjudizielle Wirkung auf alle gleichliegenden Fälle äußert, also ebenso generell wirkt, wie ein entsprechendes Gesetz." Hirsch, aaO. S. 11.

keitsrechts im Zivilrechtsbereiche als eines „sonstigen" Rechts im Sinne des § 823 Abs. 1 BGB, erstmals mit Urteil vom 25. Mai 1954 [7]); die zweite Etappe ist gekennzeichnet durch die Magnettonbandentscheidungen vom 18. Mai 1955 [8]) mit dem Einbruch urheberrechtlicher Nutzungsrechte in die Privatsphäre; jetzt ist die Anerkennung eines universellen Leistungsschutzes gefolgt.

Die vier Entscheidungen vom 31. Mai 1960 stehen untereinander in einem engen sachlichen Zusammenhang. Sie sind dem gleichen Grundproblem erwachsen, und sie sind nach Ergebnis und Methode aufeinander abgestimmt. Dies findet seinen Ausdruck auch in gegenseitigen Verweisungen an vielen Stellen der Entscheidungen.

Die Urteile enthalten eine Fülle von Gedanken und wirken wie aus einem Guß. In den Ergebnissen und der Art ihrer Herleitung jedoch liegt der explosive Zündstoff dieser Entscheidungen.

Der Bundesgerichtshof hat entschieden. Er hat geltendes Recht nicht nur klargestellt, sondern fortentwickelt. Ohne daß die Autorität des Bundesgerichtshofs auch nur im geringsten beeinträchtigt werden könnte, werden sich doch Wissenschaft und Praxis der Kritik der ergangenen Entscheidungen wegen ihrer präjudiziellen Auswirkungen anzunehmen haben [8a]).

Mit der vorliegenden Schrift sollen die vier Grundsatzentscheidungen des Bundesgerichtshofs und die durch sie ausgelösten Probleme unter folgender Fragestellung behandelt werden:

1. Darf zur Herleitung positiver Nutzungsrechte neben oder anstelle einer gesetzlichen Spezialnorm auf Verbotsnormen des allgemeinen Rechts (Generalklauseln) zurückgegriffen werden?
2. Finden trotz der Unterschiede im Wesen der Rechte allgemeine Leitgedanken und Grundsätze des Urheberrechts, insbesondere das urheberrechtliche Beteiligungsprinzip, auf ausübende Künstler Anwendung?

---

7) BGHZ 13, 334 [338 f.] = UFITA Bd. 18 (1954) S. 370 [372]. Anschließend: BGHZ 15, 249 [257 f.] = UFITA Bd. 19 (1955) S. 353 [359]; BGHZ 20, 345 [351] = UFITA Bd. 22 (1956) S. 361 [365]; BGHZ 24, 72, BGHZ 24, 200 [208] = UFITA Bd. 25 (1958) S. 89 [92]; BGHZ 26, 349 = UFITA Bd. 25 (1958) S. 452; BGHZ 27, 284 [286] = UFITA Bd. 26 (1958) S. 230 [231]; BGHZ 30, 7 [10 f.] = UFITA Bd. 29 (1959) S. 98 [101]; BGHZ 31, 308 [319] = UFITA Bd. 31 (1960) S. 242 [251].

8) BGHZ 17, 266 = UFITA Bd. 20 (1955) S. 314 und S. 335.

8a) Zu den Leistungsschutzurteilen des Bundesgerichtshofs haben inzwischen (zeitlich geordnet) Stellung genommen: Hirsch (Quellenhinweis in obiger Anm. 6); Roeber in Film und Recht Nr. 11/1960 (S. 2 ff.), Nr. 12/1960 (S. 3 ff.), Nr. 2/1961 (S. 3 ff.), Nr. 3/1961 (S. 3 ff.); Pfennig in Film und Recht Nr. 11/1960 (S. 14 ff.); Haeger in Film und Recht Nr. 11/1960 (S. 9 ff.); Kleine in GRUR 1960, 577 ff.; Leinveber in GRUR 1960, 399 ff.; Ulmer in UFITA Bd. 33 (1961) S. 9 ff.; Neumann-Duesberg in UFITA Bd. 33 (1961) S. 245 (im Rahmen der Besprechung der 2. Auflage von Ulmers Urheber- und Verlagsrecht); Hubmann in UFITA Bd. 34 (1961) S. 1 ff. Vgl. dazu auch Werhahn in Film und Recht Nr. 3/1961 (S. 18 ff.).

3. Wie wirkt sich für die Wiedergabeleistung ausübender Künstler und das wiedergegebene Werk die Konkurrenz von Rechten aus dem Urheberrecht und dem Persönlichkeitsrecht gruppenweise und einzeln aus, und welche Ausgleichsregulative sind gegeben?
4. Welche Grenzen sind der Rechtsprechung nach Methode und Ergebnis der Entscheidung in Fragen gezogen, für die die geltenden Gesetze keine oder doch keine eindeutige Regelung treffen, wogegen gesetzliche Reformen national und international auf anderer Rechtsgrundlage bereits entscheidungsreif vorbereitet sind.

I. Spezialnorm oder Generalklausel

1. Die Spezialnorm des § 2 Abs. 2 LitUG

Nach § 2 Abs. 2 LitUG ist die Schallplatte, also ein gewerbliches Erzeugnis, urheberrechtlich, und zwar in der Form einer Bearbeitung geschützt. Der Gesetzgeber wollte mit dieser Vorschrift den Schallplattenherstellern „einen Schutz gegen unberechtigte Nachbildung ihrer mit großen Kosten erworbenen Vorrichtungen“ bewilligen [9]. Kurz noch vor Erlaß der Gesetzesnovelle hatte das Reichsgericht, „obgleich nach dem Stande der jetzigen Gesetzgebung die Platten der Klägerin gegen Nachahmung durch ein Sondergesetz nicht geschützt sind“, mit Urteil vom 7. April 1910 den Schallplattenherstellern einen Schutz gegen unbefugte Vervielfältigung und Verbreitung ihrer Erzeugnisse aus bürgerlich-rechtlichen Generalklauseln (§§ 826 BGB, 1 UnlWG) zugesprochen [10].

Der Gesetzgeber wählte für den Schutz der Schallplatte die Konstruktion eines abgeleiteten Rechts. Er knüpfte mit dem Merkmal des „persönlichen Vortrags“ an die Person des ausübenden Künstlers an, der die Schallplatte bespricht, bespielt oder besingt. Der Vortragende sollte „in Ansehung der den Vortrag fixierenden Vorrichtung“ in der gleichen Weise geschützt werden „wie der Bearbeiter eines Werkes in Ansehung seiner Bearbeitung“ [11].

Der Zweckbestimmung der Vorschrift entsprach die Beschränkung des Rechtsschutzes aus § 2 Abs. 2 LitUG auf Fälle einer Übertragung „auf Vorrichtungen für Instrumente, die der mechanischen Wiedergabe für das Gehör dienen“, also auf Fälle der Herstellung und Benutzung von Tonträgern in Gestalt der damals bekannten Schallplatten. Das Schrifttum beurteilte die Schutzvorschrift des § 2 Abs. 2 LitUG aus Gründen des anders als urheberrechtlich ge-

---

[9]) So die Begründung der Gesetzesnovelle von 1910, zitiert vom Bundesgerichtshof in der Entscheidung I ZR 71/58 (Orchester Graunke), siehe UFITA Bd. 32 (1960) S. 239.

[10]) RGZ 73, 294.

[11]) Siehe Begründung in UFITA aaO. S. 239.

arteten Rechts, der zweckbezogenen Konstruktion und auch des Wortlauts [12]) nahezu einheitlich als eine gesetzliche Fiktion [13]).

2. Vergleich mit dem Schweizer Recht

a) Das Schweizer Urheberrechtsgesetz vom Jahre 1922 weist als Art. 4 Abs. 2 eine dem deutschen § 2 Abs. 2 LitUG nachgebildete Vorschrift auf. In Satz 1 des Art. 4 Abs. 2 URG heißt es:

> „Wird ein literarisches oder musikalisches Werk durch persönliche Betätigung von Ausübenden auf Instrumente übertragen, die dazu dienen, es mechanisch vorzutragen oder aufzuführen, so ist diese Übertragung als eine unter den Schutz des Gesetzes fallende Wiedergabe anzusehen."

Dabei ist „Wiedergabe" (siehe Art. 4 Abs. 1 in Verbindung mit Art. 1 URG) begriffsgleich mit „Bearbeitung" im Sinne des § 2 LitUG.

Das Schweizer. Bundesgericht hatte unlängst in dem Rechtsstreit eines niederländischen Schallplattenherstellers gegen einen Schweizer Importeur ihrer Schallplatten die dem deutschen Recht parallele Grundfrage zu entscheiden, ob Art. 4 Abs. 2 URG dem Interpreten ein Urheberrecht zuspricht. Es stand dabei in Sachen seiner eigenen Rechtsprechung vor einer ähnlichen Situation wie der Bundesgerichtshof gegenüber dem Reichsgericht: Das Schweizer. Bundesgericht hatte in einer Entscheidung vom Jahre 1936 [14]) in Fragen der Schallplattenkonzerte im Rundfunk bereits im Sinne solcher Ansprüche erkannt; das Reichsgericht, als dessen Nachfolger sich der Bundesgerichtshof betrachtet, hatte gleichfalls im Jahre 1936 eine im Prinzip gleiche Entscheidung getroffen [15]). Die obersten Gerichte beider Länder haben auf ein solches Präjudiz unterschiedlich reagiert.

Das Schweizer. Bundesgericht erklärt in seinem Urteil vom 8. Dezember 1959 [16]): Das damalige Urteil sei mehr als 20 Jahre alt und

---

[12]) Die auf diese Weise hergestellte Vorrichtung = Schallplatte stehe einer Bearbeitung des Werkes gleich (Abs. 2 Satz 1 des § 2 LitUG), und der „Vortragende" bzw. derjenige, welcher die Übertragung bewirkt, gelte als Bearbeiter (Abs. 2 Satz 3 des § 2 LitUG).

[13]) So schon Alexander Elster in seinem Grundriß „Urheber- und Erfinder-, Warenzeichen- und Wettbewerbsrecht", 2. Aufl., 1928, wo er von der „offensichtlichen Entgleisung des später eingeflickten Abs. 2 des § 2" spricht (S. 113). Siehe auch: Ulmer, Urheber- und Verlagsrecht, 1. Aufl., 1951, S. 316 und 2. Aufl., 1960, S. 435; Hubmann, Urheber- und Verlagsrecht, 1959, S. 98; Runge, Urheber- und Verlagsrecht, 1948/1953, S. 342 f.; Voigtländer-Elster-Kleine, Urheberrecht, 4. Aufl., 1952, S. 41. Der Bundesgerichtshof charakterisierte schon in früheren Entscheidungen den Rechtsschutz des § 2 Abs. 2 LitUG als „fiktives" Bearbeitungsrecht, so in BGHZ 8, 90 und BGHZ 11, 142 = UFITA Bd. 18 (1954) S. 221.

[14]) Turicaphon-Urteil vom 7. Juli 1936.

[15]) RGZ 153, 1.

[16]) Deutschsprachig in UFITA Bd. 31 (1960) S. 119 ff. und in GRUR 1961, 140 ff.

sei auf einem sehr neuen und noch in Entwicklung befindlichen Rechtsgebiet ausgesprochen worden; die durch jenes Urteil gelösten Rechtsfragen seien einer neuen Prüfung zu unterziehen, und dies um so mehr, als das Urteil Gegenstand ernsthafter Kritik in der Rechtslehre gewesen sei [17]).

Auf Grund erneuter Überprüfung gelangt das Schweizer. Bundesgericht zur Ablehnung eines Urheberrechtsschutzes des Interpreten. Es verweist dafür auf den Zweck des Art. 4. Abs. 2 URG und das System der Rechte an immateriellen Gütern. Der Gesetzgeber habe nicht beabsichtigt, die ausübenden Künstler zu schützen; Empfänger des Schutzes sei nicht der Interpret, sondern der Fabrikant. Die Konstruktion erweise sich als eine reine Fiktion; der Schutz des Fabrikanten gegen die unerlaubte Vervielfältigung und gegen den unerlaubten Vertrieb seiner Ware gehöre zum Wettbewerbsrecht und sanktionierte in keiner Weise ein Urheberrecht des Künstlers.

Das Schweizer. Bundesgericht sah keine Veranlassung, für seine Entscheidung auf andere Gesetze zurückzugreifen. Lediglich im Zusammenhang mit dem Urteil von 1936 verweist es auf Art. 28 des Zivilgesetzbuchs, auf den sich der Interpret, ohne Inhaber eines Urheberrechts zu sein, für ein „droit moral" berufen könne. Durch jenen Art. 28 ist in der Schweiz das allgemeine Persönlichkeitsrecht festgelegt und wie folgt geregelt worden:

> „Wer in seinen persönlichen Verhältnissen unbefugterweise verletzt wird, kann auf Beseitigung der Störung klagen.
>
> Eine Klage auf Schadenersatz oder auf Leistung einer Geldsumme als Genugtuung ist nur in den vom Gesetz bestimmten Fällen zulässig." [18])

b) Der Bundesgerichtshof argumentiert demgegenüber wie folgt: In Übereinstimmung mit dem Wortlaut des § 2 Abs. 2 LitUG sei davon auszugehen, daß das fiktive Bearbeiterurheberrecht des ausübenden Künstlers an der Schallvorrichtung für ihn auch das Aufführungsrecht umfasse [19]). Sehe das Gesetz, wie dies in der Bundesrepublik zutreffe, insoweit urheberrechtlich ausgestaltete Ausschließlichkeitsrechte vor, so sei der Richter hieran gebunden [20]). Eine solche Gesetzesauslegung stehe auch im Einklang mit der Rechtsprechung des Reichsgerichts, wonach die Rundfunksendung von Schallplatten dem Ausschließlichkeitsrecht des vortragenden Künstlers aus § 2 Abs. 2 LitUG unterstehe (RGZ 153, 1 ff) [21]). Die Erwägungen, die das Reichsgericht zu diesem Ergebnis geführt hätten, rechtfertigten die Folgerung auch dann, wenn die Rund-

---

[17]) UFITA aaO. S. 121.

[18]) Siehe auch Art. 49 des Schweizer. Obligationenrechts.

[19]) I ZR 53/58 in UFITA Bd. 32 (1960) S. 206.

[20]) I ZR 53/58 in UFITA aaO. S. 216; siehe auch aaO. S. 203.

[21]) I ZR 53/58 in UFITA aaO. S. 216.

funksendung als eine dem Urheber vorbehaltene Werknutzung eigener Art gewertet werde, die weder unter den Aufführungs- noch unter den Verbreitungsbegriff falle; denn auch bei einer solchen rechtsdogmatischen Einordnung unterliege das Senderecht dem Ausschließlichkeitsrecht des vortragenden Künstlers, das das Senderecht mit umfasse [22]).

c) Allein schon diese doppelte Möglichkeit einer aus der im Wesentlichen gleichen Rechtsnorm hergeleiteten Grundsatzentscheidung, die an dem Gegensatz der höchstrichterlichen Rechtsprechung der Schweiz einerseits und der Bundesrepublik andererseits eindrucksvoll demonstriert wird, legt die Problematik der vom Bundesgerichtshof gewonnenen Lösung offen. Sowohl das Schweizer Bundesgericht als auch der Bundesgerichtshof berufen sich für ihre unterschiedlichen Entscheidungen auf die Grenzen, die der Rechtsprechung gegenüber dem Gesetz gezogen sind. Das Schweizer. Bundesgericht verzichtet, anders als es dies noch in seiner Schallplattenentscheidung von 1936 getan hatte, bewußt darauf, eine etwaige Gesetzeslücke auf Grund des Art. 1 des Zivilgesetzbuches zu schließen, der, wenn dem Gesetze keine Vorschrift entnommen werden kann, dem Richter die Freiheit einräumt, nach Gewohnheitsrecht und, wo auch solches fehlt, „nach der Regel zu entscheiden, die er als Gesetzgeber aufstellen würde", wobei der Richter „bewährter Lehre und Überlieferung" zu folgen hat.

3. Schranken eines urheberrechtlichen Leistungsschutzes

Ist man mit dem Bundesgerichtshof der Meinung, daß der ausübende Künstler im Gesetz die volle Rechtsstellung eines (echten) Bearbeiterurhebers eingeräumt bekommen hat, so ergeben sich aus der urheberrechtlichen Spezialnorm auch die positivrechtlichen Schranken für die Zuerkennung von Nutzungsrechten an derartigen Leistungen.

a) Die eine Schranke ergibt sich aus der gesetzlichen Voraussetzung, daß der „persönliche Vortrag" auf Tonträger (Schallvorrichtung) festgelegt sein muß. Der Bundesgerichtshof hat auf diese Voraussetzung mehrfach kritisch hingewiesen und als Folge davon dem urheberrechtlichen einen persönlichkeitsrechtlichen Begriff des Leistungsschutzes an die Seite gestellt [23]).

Es verbleibt die Frage, ob der ausübende Künstler an seiner Leistung urheberrechtlichen Schutz auch dann in Anspruch nehmen

---

[22]) I ZR 53/58 in UFITA aaO. S. 216.

[23]) I ZR 87/58 in UFITA Bd. 32 (1960) S. 248 f.; I ZR 64/58 in UFITA Bd. 32 (1960) S. 226.

kann, wenn gegen seinen Willen oder ohne sein Wissen eine live-erbrachte Darbietung auf Tonträger überspielt („mitgeschnitten") wird. Der Bundesgerichtshof erhärtet die These, daß § 2 Abs. 2 dem ausübenden Künstler die Rechte eines Werkbearbeiters nur gewähre, wenn die Wiedergabeleistung erlaubterweise bereits auf einem Tonträger festgehalten worden ist [24]). Er trennt damit die Fälle einer Erstfestlegung von Fällen der Zweitnutzung rechtmäßig hergestellter Tonträger und unterscheidet für die rechtliche Behandlung zwischen Fällen einer erlaubten und einer rechtswidrigen Erstfestlegung. Bei der erlaubten Erstfestlegung stellt sich lediglich das Problem der Zweitnutzung von Tonträgern; der ausübende Künstler wirkt an der Erstfestlegung entweder selbst in seiner Person mit oder hat doch seine Zustimmung zur Festlegung einer von ihm live-erbrachten Leistung erteilt. In Fällen der rechtswidrigen Erstfestlegung hilft der Bundesgerichtshof bereits mit dem Persönlichkeitsrecht, so daß es dann nicht mehr eines Eingehens auf das urheberrechtliche Schutzproblem bedarf. Wenn schon die Festlegung aus dem Persönlichkeitsrecht unzulässig ist, ist es auch die Nutzung derart hergestellter Tonträger. Der Frage einer analogen Anwendung der Schutzvorschrift des § 2 Abs. 2 zur Verhinderung einer Nutzung kommt unter diesen Umständen keine praktische Bedeutung zu [25]).

Der Bundesgerichtshof gelangt mit der Abstellung auf das allgemeine Persönlichkeitsrecht, über die Schranken des § 2 Abs. 2 LitUG hinaus, zur Anerkennung eines allgemeinen Leistungsschutzes.

b) Eine weitere Schranke hat der Gesetzgeber Ansprüchen aus dem Urheberrecht in der Weise gesetzt, daß er im einleitenden Absatz des § 1 LitUG allen Schutzbestimmungen des Gesetzes die Klausel vorausschickt: „nach Maßgabe dieses Gesetzes..." Diese Klausel hat Geltung auch für Ansprüche aus § 2 Abs. 2 LitUG [25a]).

Die Frage, die sich für das hier erörterte Problem stellt, ist folgende: Wird, wenn überhaupt, der künstlerische Leistungsschutz durch § 2 Abs. 2 LitUG als Spezialvorschrift abschließend geregelt oder kann daneben, möglicherweise sogar unabhängig von § 2 Abs. 2 LitUG, für ihn auf Vorschriften des allgemeinen Rechts ausgewichen werden. Der Bundesgerichtshof vertritt mit der Begründung, der § 2 Abs. 2 LitUG betreffe nur Rechte an einer bereits hergestellten Schallvorrichtung, die Auffassung, aus dieser urheber-

---

[24]) I ZR 64/58 in UFITA Bd. 32 (1960) S. 226; I ZR 71/58 in UFITA Bd. 32 (1960) S. 241 f.

[25]) I ZR 64/58 in UFITA Bd. 32 (1960) S. 230; I ZR 71/58 in UFITA Bd. 32 (1960) S. 242.

[25a]) Siehe Hinweis bei H i r s c h , aaO. S. 10 Anm. 19.

rechtlichen Vorschrift könne Abschließendes für die Lösung der Schutzfrage nicht gewonnen werden.

In diesem Zusammenhang interessiert, was das Reichsgericht in seiner Entscheidung vom 7. April 1910 über den Schutz von Schallplatten unmittelbar vor Erlaß der Gesetzesnovelle von 1910 ausgeführt hat [26]). Es heißt dort, das Reichsgericht habe in ständiger Rechtsprechung angenommen, daß durch die bestehenden Sondergesetze die Anwendung der Vorschriften des BGB, die den Schutz gegen illoyale Handlungen im Verkehrsleben bezwecken, insbesondere des § 826, nicht ausgeschlossen werde. Diese Auffassung habe auch in § 1 des neu erlassenen Gesetzes gegen den unlauteren Wettbewerb ausdrücklich Anerkennung gefunden. Das Reichsgericht fährt dann wörtlich wie folgt fort:

> „Allerdings ergibt sich aus dem Wesen der Sondergesetzgebung, daß die darin festgelegten Tatbestände rechtswidrigen Handelns nicht unter anderen rechtlichen Gesichtspunkten anders betrachtet werden können, und daß da, wo das Urheberrecht ausdrücklich und absichtlich einen Schutz für einen gewissen Tatbestand ausschließt, ein solcher auch nicht aus allgemeinen Gesichtspunkten des Bürgerlichen Gesetzbuches hergeleitet werden kann.“ [27])

4. Die Generalklauseln

a) Soweit sich der Bundesgerichtshof dagegen wendet, daß Dritte live-erbrachte Leistungen ausübender Künstler ohne deren Wissen oder gar gegen deren Willen auf Tonträger festlegen (überspielen), dürften in Konsequenz auch der vorausgegangenen Entscheidung des Bundesgerichtshofs mit dem Verbot der heimlichen Tonbandaufnahme eines Gespräches [28]) unzulässige Eingriffe in das Persönlichkeitsrecht vorliegen und Verbotsansprüche begründet sein. Damit aber begnügt sich der Bundesgerichtshof nicht. Er erstreckt vielmehr die Vorstellung vom persönlichkeitsrechtlichen Schutzbedürfnis auch auf den Vertragspartner des ausübenden Künstlers und auf Formen einer Zweitnutzung. Wenn jedoch der ausübende Künstler selbst mitwirkend oder zustimmend tätig geworden ist, hat er die Möglichkeit, Fälle einer zusätzlichen Verwertung seiner Leistung vertraglich zu regeln. Wurde eine Regelung für den konkreten Anwendungsfall nicht ausdrücklich getroffen, so handelt es sich um eine Frage der Vertragsauslegung und nicht schon wegen der bloßen Möglichkeit einer Verletzung des Persönlichkeitsrechts um Verletzungshandlungen in der Art, wie sie durch Ein-

---

[26]) RGZ 73, 294.
[27]) aaO., 296.
[28]) BGHZ 27, 284 = UFITA Bd. 26 (1958) S. 230. Der Bundesgerichtshof verweist im Zusammenhang mit seinen persönlichkeitsrechtlichen Erwägungen auf jenes Urteil, siehe I ZR 64/58 in UFITA Bd. 32 (1960) S. 224 f.

griffe Dritter ausgelöst und vom Verletzten mit Hilfe des Verbotsanspruchs zu Recht unterbunden werden können [29]).

b) Das öffentliche Aufführungsrecht an Schallplatten konnte der Bundesgerichtshof in Konsequenz auch seiner vorausgegangenen Entscheidung über den Wegfall der Aufführungsfreiheit des § 22a LitUG [30]) bei Gleichsetzung des ausübenden Künstlers mit dem echten Bearbeiter-Urheber dem ausübenden Künstler aus § 2 Abs. 2 LitUG noch zuerkennen, ohne den Rahmen eines urheberrechtlichen Leistungsschutzes zu sprengen.

Dagegen versagt, was der Bundesgerichtshof erkannt und auch betont hat, bei der öffentlichen Lautsprecherwiedergabe von Rundfunkmusik in gewerblichen Betrieben (Gaststätten u. dgl. m.) ein Schutz aus § 2 Abs. 2 LitUG (Abstellung auf Tonträger) von vornherein für Fälle von Live-Sendungen, deren Wesen gerade darin besteht, eben nicht mit Hilfe von Tonträgern gesendet zu werden [31]). Der Bundesgerichtshof stand hier vor der Alternative, den urheberrechtlichen Schutzrahmen unter Verzicht auf die Erfassung von Live-Sendungen festzuhalten oder aber unter Verzicht auf den urheberrechtlichen Schutzrahmen für den Schutz auf Begriffe des allgemeinen Rechts (Generalklauseln) abzustellen. Der Bundesgerichtshof entschied sich für das letztere [31a]). Er nahm den Fall der Livesendungen und nicht den Fall der Sendungen mittels Tonträger (Aufzeichnungen) zum Ausgangspunkt seiner rechtlichen Deduk-

---

29) Der Bundesgerichtshof führt mit Geltung auch für Formen einer Zweitnutzung vertraglich erbrachter Leistungen an Gesichtspunkten aus dem Persönlichkeitsrecht u. a. an: Vergrößerung des Wirkungskreises, Qualitätsbeeinträchtigung, Kürzungen oder Zusammenschnitte mit anderen Darbietungen, Zeitpunkt und Umgebung der Wiedergabe (I ZR 64/58 in UFITA Bd. 32 [1960] S. 226; ähnlich I ZR 87/58 in UFITA aaO., S. 249). Der Bundesgerichtshof spricht hier vom freien Entscheidungsrecht des ausübenden Künstlers über Art und Umfang der Auswertung seiner Leistung. Ein solches Recht geht noch über das droit moral des Werkurhebers hinaus. Wo jedoch Rechte in eine Kollektivverwaltung eingebracht worden sind und von Verwertungsgesellschaften vergeben werden, spielen nicht einmal Bedenken aus dem urheberrechtlichen droit moral, geschweige aus dem allgemeinen Persönlichkeitsrecht eine Rolle. Die GEMA z. B. räumt jedem die Möglichkeit ein, Werke ihres Repertoires gegen Zahlung einer Lizenzgebühr aufzuführen, ohne daran Bedingungen aus dem droit moral zu knüpfen, und Rechte zur Zweitnutzung von Wiedergabeleistungen der ausübenden Künstlers werden in gleicher Weise durch Verwertungsgesellschaften wahrgenommen. Etwas völlig anderes ist das Recht zur erstmaligen Veröffentlichung eines Werkes, das dem droit moral des Urhebers zugehört, und dem auf seiten der ausübenden Künstler das Recht zur Erstfestlegung entspricht.

30) BGHZ 11, 135 = UFITA Bd. 18 (1954) S. 214.

31) I ZR 87/58 in UFITA Bd. 32 (1960) S. 248 ff. Ulmer will hier mit Analogieschluß helfen, siehe Ulmer in UFITA Bd. 33 (1961) S. 14.

31a) Bruno Pfennig in Film und Recht Nr. 11/1960 sieht darin eine Entscheidung contra legem: „Der BGH war nicht befugt, nach geltendem Recht ihm mißlich erscheinende, wenn auch durch überaltertes Recht geregelte Rechtsfolgen durch Richterrecht zu ersetzen." (S. 15).

tion. Er stellte von vornherein und ganz allgemein auf Grundsätze des Persönlichkeits-, des Wettbewerbs- und des allgemein-bürgerlichen Rechts ab: auf die §§ 823 Abs. 1 BGB, 1 UnlWG, 826 BGB. Der urheberrechtliche Schutz aus § 2 Abs. 2 LitUG rückte damit in die rechtliche Außenstellung einer bloßen Möglichkeit, die bei einer sendemäßigen Verwendung von Tonträgern mit zum Zuge kommt: Der Rechtsschutz für ausübende Künstler ist „bereits" aus Vorschriften des allgemeinen Rechts gegeben.

In Verbindung mit einer solchen Deduktion erhebt der Bundesgerichtshof gegen ehrenwerte Berufsstände des wirtschaftlichen Lebens den schwerwiegenden Vorwurf des Schmarotzens und der Sittenwidrigkeit [32]). Der Bundesgerichtshof zielt aber mit einem solchen Vorwurf in Wahrheit ebensowenig wie mit seiner rechtlichen Deduktion auf ein Verbot der Vorgänge einer betrieblichen Lautsprecherwiedergabe von Rundfunkmusik ab, sondern auf Zahlungen für die positive Nutzung solcher Formen einer Wiedergabe von Leistungen ausübender Künstler.

c) Der Bundesgerichtshof stellt mit seiner Argumentation Abwehr- und Nutzungsansprüche auf ein und dieselbe Stufe. Die Abwehrfunktion aus dem allgemeinen Persönlichkeitsrecht, dem wettbewerbsrechtlichen Tatbestand des „Schmarotzens" und dem bürgerlich-rechtlichen Begriff der Sittenwidrigkeit läßt vermögensrechtliche Ansprüche jedoch nur in Gestalt von Schadensforderungen zu. Der Bundesgerichtshof indessen bedient sich dieser Abwehrfunktion zur Herleitung positiver Nutzungsrechte.

5. Rückwirkungen auf das Urheberrecht

Nach den Ergebnissen der Entscheidungen des Bundesgerichtshofs vom 31. Mai 1960 bedarf es zur Statuierung urheberrechtlicher Nutzungsrechte keiner Urheberrechtsgesetze mehr. Alle Rechte zur

---

32) I ZR 87/58 in UFITA Bd. 32 (1960) S. 250: „Es widerspricht aber den guten Sitten des lauteren Wettbewerbs (§ 1 UWG) und stellt eine sittenwidrige Vermögensschädigung dar (§ 826 BGB), eine fremde Leistung, die erfahrungsgemäß nur gegen eine angemessene Vergütung erbracht wird, kostenlos zur Förderung des eigenen gewerblichen Gewinnstrebens auszunutzen und hierdurch dem Leistenden einen wirtschaftlichen Schaden zuzufügen, weil ihm auf diese Weise ein Entgelt für seine etwaige persönliche Heranziehung oder aber für die Benutzung von Tonträgern entgeht, auf die seine Leistung übertragen worden ist." Im gleichen Sinne I ZR 64/58 in UFITA Bd. 32 (1960) S. 229. Hirsch, aaO. S. 16 verwahrt sich gegen „den ehrenrührigen Vorwurf einer sittenwidrigen, also ethisch verwerflichen Handlungsweise der Angehörigen eines großen Berufskreises" und führt als Gründe an, die einem „derartigen harten Unwerturteil" entgegenstehen: die freistellende Lautsprecherentscheidung des Reichsgerichts (RGZ 136, 377); erst jetzt das Abweichen des Bundesgerichtshofs von jener RG-Entscheidung; die Auffassung eines einzelnen Volksteils genügt nicht zur Feststellung eines Sittengesetzes; der Mangel einer Leistungsäquivalenz allein reicht für den Vorwurf der Sittenwidrigkeit nicht aus.

Verwertung urheberrechtlichen Schutzgutes lassen sich, wie jetzt die Rechte ausübender Künstler, allein schon aus dem allgemeinen Persönlichkeitsrecht herleiten. Den gedanklichen Ansatzpunkt dazu hat der Bundesgerichtshof in seiner Entscheidung zum allgemeinen Persönlichkeitsrecht vom 25. Mai 1954 mit der Auffassung geliefert, das Urheberpersönlichkeitsrecht sei „nur eine besondere Erscheinungsform des allgemeinen Persönlichkeitsrechts“ [33]).

Mit der persönlichkeitsrechtlichen Herleitung von Nutzungsrechten räumt der Bundesgerichtshof den ausübenden Künstlern mehr Rechte ein, als das Urheberrecht den Werkurhebern zugesteht. Während das Urheberrecht aus Gründen seiner sozialen Gebundenheit [34]) Rechte von Urhebern nach Voraussetzung, Umfang und Dauer beschränkt, kennt das allgemeine Persönlichkeitsrecht keine solchen Beschränkungen (Generalklausel). Der Bundesgerichtshof will beim allgemeinen Persönlichkeitsrecht mit dem judikablen Prinzip der Interessenabwägung helfen [35]). Er schafft damit aber nur Schranken für die Ausübung der Rechte, wogegen der Gesetzgeber die Rechte des Urhebers in sich begrenzt hat [36]).

Zur Vermeidung von Überschneidungen zwischen Persönlichkeitsrecht, Urheberrecht und Leistungsschutz hatte es die Bundesregierung für richtig gehalten, in dem Entwurf eines Gesetzes zur Neuordnung des zivilrechtlichen Persönlichkeits- und Ehrenschutzes durch Art. 2 dem Einführungsgesetz zum Bürgerlichen Gesetzbuch folgende Ergänzungsbestimmung beizugeben [37]):

> „Artikel 33a
>
> Auf Tatbestände, die in den Urheberrechtsgesetzen geregelt sind, ist § 12 des Bürgerlichen Gesetzbuchs in der Fassung des Gesetzes zur Neuordnung des zivilrechtlichen Persönlichkeits- und Ehrenschutzes nicht anzuwenden, es sei denn, daß sich eine Verletzung im Sinne dieser Vorschrift aus besonderen, in den Urheberrechtsgesetzen nicht berücksichtigten Umständen ergibt.“

In der Begründung zu dieser Ergänzungsvorschrift nimmt der Gesetzesentwurf ausdrücklich Bezug auch auf das Leistungsschutzrecht des ausübenden Künstlers [38]).

---

33) BGHZ 13, 339 = UFITA Bd. 18 (1954) S. 373.

34) Siehe RGZ 140, 270: Urheberrecht als „sozial gebundene Befugnis“. Ebenso RGZ 153, 22.

35) Siehe I ZR 64/58 in UFITA Bd. 32 (1960) S. 232.

36) Dies dürfte auch die Überlegung bei Hirsch gewesen sein, wenn er formuliert: das urheberrechtliche Ausschließlichkeitsrecht sei nach Inhalt, Umfang, Art, Zeit und Ort gesetzlich begrenzt (im Original gesperrt), während diese (im Original gesperrt) für das Urheberrecht seit jeher überall in der Welt unentbehrlich gehaltenen Einschränkungen weder für das Persönlichkeitsrecht noch für das Wettbewerbsrecht gelten (Hirsch, aaO. S. 10 Anm. 19).

37) UFITA Bd. 29 (1959) S. 44.

38) UFITA Bd. 29 (1959) S. 94 f.

II. Unterschiede oder Gleichheit

1. Das Gleichstellungsprinzip

Der Bundesgerichtshof vertritt in seinen Entscheidungen die Auffassung, daß der § 2 Abs. 2 LitUG dem ausübenden Künstler die urheberrechtliche Stellung eines echten Werkbearbeiters einräume. Der Bundesgerichtshof verkennt zwar nicht den Fiktionscharakter dieser Vorschrift, aber er folgert gerade daraus auf eine volle urheberrechtliche Gleichstellung [39]). Er meint, die Vorschrift des § 2 Abs. 2 LitUG habe die Rechte des ausübenden Künstlers nicht ausdrücklich auf die Vervielfältigung und die Verbreitung der Schallplatte beschränkt. Der ausübende Künstler verfüge daher über alle Rechte eines Bearbeiter-Urhebers [40]).

Auch aus dem Unterschied im Schutzobjekt (Schallvorrichtung entgegen Geisteswerk) ergibt sich für den Bundesgerichtshof keine andere Beurteilung. Gegenstand des Schutzes bilde die Schallvorrichtung als Träger der Wiedergabeleistung des „vortragenden" Künstlers; „aufgeführt" im Sinne des Urheberrechts werde demgemäß nicht eine Schallvorrichtung, sondern die Wiedergabeleistung des ausübenden Künstlers [41]).

Die urheberrechtliche Gleichstellung stehe auch dem mit der Regelung des § 2 Abs. 2 LitUG vom Gesetzgeber bezweckten Schutz der Schallplattenhersteller nicht entgegen. Der Industrieschutz sei „Anlaß" für diese Regelung gewesen [42]) und habe darauf abgezielt, die Schallplattenindustrie „gegen unbefugte Nachbildung" zu schützen [43]). Zwar sei die Schallplattenindustrie bei Erlaß der Novelle von 1910 für eine Aufführungsfreiheit mechanischer Musikdarbietungen eingetreten (§ 22a LitUG), aber diese Forderung habe dem

---

39) I ZR 53/58 in UFITA Bd. 32 (1960) S. 211: „Von einer Fiktion kann aber nur gesprochen werden, wenn unzweifelhaft ungleiche (im Original gesperrt) Tatbestände nach dem Willen des Gesetzgebers hinsichtlich der Rechtsfolgen gleich behandelt werden sollen"; im gleichen Sinne I ZR 71/58 in UFITA Bd. 32 (1960) S. 240.

40) I ZR 53/58 in UFITA Bd. 32 (1960) S. 205: „Hätte der Gesetzgeber, wie die Klägerinnen geltend machen, die auf einer Schallvorrichtung festgelegte Wiedergabeleistung nur gegen unbefugte Vervielfältigung und Verbreitung schützen wollen, so wäre dies gesetzestechnisch ohne Schwierigkeit durch eine entsprechende Begrenzung der Ausschließlichkeitsrechte zu erreichen gewesen."

41) I ZR 53/58 in UFITA Bd. 32 (1960) S. 206.

42) I ZR 53/58 in UFITA Bd. 32 (1960) S. 221. Sonstige vom Bundesgerichtshof gebrauchte Wendungen: durch § 2 Abs. 2 LitUG sei „mittelbar" ein Schutz der Erzeugnisse der Industrie „angestrebt" worden (aaO. S. 207); „soweit diese Vorschrift mittelbar im Interesse der Schallplattenhersteller ergangen ist" (aaO. S. 212); der Schutzgedanke des § 2 Abs. 2 LitUG habe „vor allem" die Tonträgerhersteller vor unbefugten Vervielfältigungen sichern wollen (I ZR 87/58 in UFITA Bd. 32 [1960] S. 248); der Gesetzgeber habe mit § 2 Abs. 2 LitUG „in erster Linie" einen Schutz der Tonträgerindustrie „angestrebt" (I ZR 71/58 in UFITA Bd. 32 [1960] S. 238).

43) I ZR 53/58 in UFITA Bd. 32 (1960) S. 207; I ZR 87/58 in UFITA Bd. 32 (1960) S. 248.

damaligen Stande der Technik und der durch sie bestimmten Interessenlage entsprochen. Mit der Erschließung neuer Wiedergabemöglichkeiten seitens der Technik habe sich die Interessenlage der Schallplattenindustrie verändert [44]). Es laufe dem ursprünglichen Schutzgedanken des § 2 Abs. 2 LitUG nicht zuwider, wenn eine Gleichstellung der Rechte an der Schallvorrichtung mit denen an einer Werkbearbeitung auch hinsichtlich des Aufführungsrechtes angenommen werde [45]).

Gegenüber solchen Überlegungen stellen sich die zwei entscheidende Fragen: ob für den Leistungsschutz ausübender Künstler überhaupt auf allgemeine Prinzipien des Urheberrechts zurückgegriffen werden darf, und ob die Anwendbarkeit urheberrechtlicher Prinzipien vertretbar ist, wenn ausübenden Künstlern vom Gesetz, wie (möglicherweise) durch § 2 Abs. 2 LitUG, „nur" eine quasi urheberrechtliche Position (fiktives Bearbeiterrecht) zuerkannt worden ist.

2. Das urheberrechtliche Beteiligungsprinzip

a) Im Urteil vom 31. Mai 1960, mit dem der Bundesgerichtshof die Aufführungsrechte und demzufolge den Tantiemeanspruch ausübender Künstler an Musikschallplatten bejaht, heißt es [46]):

> „Auch für das fiktive Bearbeitungsurheberrecht des § 2 Abs. 2 LitUG gilt aber entgegen der von den Klägerinnen vertretenen Ansicht der allgemeine Leitgedanke, den die Rechtsprechung für den eigentlichen Werkschöpfungsschutz anerkannt hat, daß nämlich der Urheber tunlichst überall da, wo aus seinem Geisteswerk ein wirtschaftlicher Nutzen gezogen wird, daran zu beteiligen ist."

Der Bundesgerichtshof verweist dabei [47]) auf die Entscheidung des Reichsgerichts über Schallplattenkonzerte im Rundfunk [48]). Das Reichsgericht hatte damals, wenn auch mit Auswirkung auf den Schallplattenhersteller, erklärt, der für das Urheberrecht entwikkelte Beteiligungsgrundsatz gelte auch für den „Bearbeiter" und komme den Schallplattenherstellern, die von ihm ihre Befugnisse ableiten, „ebenfalls" zustatten.

Wie das vorstehende Zitat erkennen läßt, waren die Klägerinnen anderer Auffassung. Wer aber waren die Klägerinnen? Es waren dies einerseits die GEMA, andererseits das BIEM, also Verwertungsgesellschaften, die das urheberrechtliche Beteiligungsprinzip organisatorisch repräsentieren und praktizieren. Wenn GEMA und BIEM der Meinung sind, für ausübende Künstler gelte nicht das urheber-

---

44) I ZR 53/58 in UFITA Bd. 32 (1960) S. 211.
45) aaO. S. 212.
46) I ZR 53/58 in UFITA Bd. 32 (1960) S. 214 f.
47) I ZR 53/58 in UFITA Bd. 32 (1960) S. 216.
48) RGZ 153, 1, 22.

rechtliche Beteiligungsprinzip, so gibt, abgesehen von dem hier ausscheidenden Fall bloßer Überlegungen der Prozeßtaktik, diese Divergenz im Grundsätzlichen an sich schon zu denken.

b) Der Satz von der tunlichen Beteiligung des Urhebers an den wirtschaftlichen Früchten seines Werkes gehört zum Erkenntnisgut des neuzeitlichen Urheberrechts. Der Satz hat im französischen Urheberrecht sogar die Bedeutung einer gesetzlichen Rechtsnorm erlangt [49]). Wenn auch aus anderer Fragestellung gewonnen (Problem des angemessenen Honorars), liegt der Vorschrift des § 31 des (bundesdeutschen) Ministerialentwurfs von 1959 die gleiche Vorstellung zugrunde: angemessene Beteiligung des Urhebers an den Erträgnissen aus der Nutzung seines Werkes.

Für das geltende deutsche Recht hat das Reichsgericht den urheberrechtlichen Beteiligungsgrundsatz in der Bedeutung einer Auslegungsregel entwickelt und ihn, mit gelegentlich kleinen Abwandlungen in der Formulierung, in seinem Wesensgehalt dahin bestimmt, „daß tunlichst überall, wo aus dem Geisteswerke geldwerter Gewinn gezogen werden kann, dem Urheber ermöglicht werden soll, daran teilzunehmen [50]). Mit Hilfe dieser Auslegungsregel wurde es der Rechtsprechung möglich, neue Formen der Verwertung von Urheberrechtsgut auch nach überalterten Gesetzen den Rechten des Urhebers vorzubehalten.

Der Bundesgerichtshof hat den Grundsatz von der Urheberbeteiligung für die Rechtsprechung übernommen und in Anwendung dieses Grundsatzes eine Reihe bedeutsamer Entscheidungen getroffen, so: zur öffentlichen Aufführung von Schallplatten [51]), über den Urheberanteil bei der Aufführung von Bühnenwerken [52]) und über die Rechte beim Überspielen von Musikwerken auf Tonband [53]).

Wenn der Bundesgerichtshof in den jetzigen Entscheidungen das urheberrechtliche Beteiligungsprinzip ausdrücklich auf ausübende Künstler miterstreckt, kann er sich, was er auch tut, auf die erwähnte Entscheidung des Reichsgerichts berufen. Doch entbindet die Entscheidung des Reichsgerichts den Bundesgerichtshof nicht von der Verpflichtung, die Richtigkeit der dort angestellten Deduktion für die jetzt zur Entscheidung gestellten Fälle von Grund auf zu überprüfen. Das Schweizer. Bundesgericht hatte sich für seine Entscheidung vom 8. Dezember 1959 entschlossen, seine eigene Auf-

---

[49]) Art. 35 des Gesetzes vom 11. März 1957, deutschsprachig in: Revue Internationale du Droit d'Auteur. Bd. XIX, 521 ff. [527]; siehe auch Band 3 der Schriftenreihe der Internationalen Gesellschaft für Urheberrecht e. V. (InterGU) und UFITA Bd. 20 (1955) S. 75 ff. und UFITA Bd. 24 (1957) S. 93 ff.

[50]) RGZ 134, 201.

[51]) BGHZ 11, 135 [143].

[52]) BGHZ 13, 115 [118] = UFITA Bd. 18 (1954) S. 206 [208].

[53]) BGHZ 17, 266 [282] = UFITA Bd. 20 (1955) 314 [325].

fassung von vor mehr als 20 Jahren zu revidieren [54]). Der Bundesgerichtshof dagegen war in Fragen des künstlerischen Leistungsschutzes erkenntlich noch nicht präjudiziert; er konnte, wenn er wollte, von der vorausgegangenen Entscheidung des Reichsgerichts um so eher abrücken. Der Bundesgerichtshof hatte sich auch zuvor schon mehrfach von Auffassungen des Reichsgerichts distanziert; er hat dafür sogar in den Entscheidungen vom 21. Mai 1960 ein weiteres Beispiel insofern geliefert, als er, im Gegensatz zur Lautsprecherentscheidung des Reichsgerichts [55]), die öffentliche Wiedergabe von Rundfunkmusik in gewerblichen Betrieben bejaht hat [56]).

c) Der Bundesgerichtshof rechtfertigt die Anwendung allgemeiner Prinzipien des Urheberrechts auf Leistungen ausübender Künstler mit Argumenten der Rechtslogik, der gegenständlichen Beziehung und der entwicklungsgeschichtlichen Parallelität zum Urheberrecht.

aa) Der Bundesgerichtshof nimmt die Vorschrift des § 2 Abs. 2 LitUG zum Ausgangspunkt seiner urheberrechtlichen Deduktionen. Er deutet die Fiktionslösung dieser Vorschrift als eine „vom Gesetz gewollte rechtliche Gleichstellung" [57]) der Schallvorrichtung mit einer urheberrechtlichen Werkbearbeitung. Darüber erst erschließt er dem „fiktiven" Bearbeiter die Rechtsstellung eines „echten" Bearbeiters im Urheberrechtssinne und dem ausübenden Künstler den Zugang zum urheberrechtlichen Beteiligungsprinzip. Der rechtslogische Zirkel scheint Ergebnis zu sein, beruht jedoch auf der Prämisse von der urheberrechtlichen Gleichstellung, und eben diese Prämisse ist das umstrittene Problem.

bb) Der Bundesgerichtshof hält eine Verbindung mit dem Urheberrecht durch das „Werk" als Gegenstand von Wiedergabeleistungen ausübender Künstler für gegeben [58]). Der ausübende Künstler habe Rechte auch dann, wenn durch ihn ein gemeinfreies Werk aufgeführt werde [59]).

Das bedeutet, daß nach Ablauf der urheberrechtlichen Schutzfrist der ausübende Künstler zum Urheberberechtigten am wiedergegebenen Werke wird. Das in der Person des Urhebers entstandene und durch Schutzfristablauf erloschene Urheberrecht am Werke lebt zugunsten desjenigen wieder auf, der nichts anderes tut, als daß er ein fremdes Werk durch Aufführung der Öffentlich-

---

[54]) Siehe in UFITA Bd. 31 (1960) S. 121.

[55]) RGZ 136, 377.

[56]) I ZR 87/58 in UFITA Bd. 32 (1960) S. 245.

[57]) I ZR 87/58 in UFITA Bd. 32 (1960) S. 247; I ZR 53/58 in UFITA Bd. 32 (1960) S. 205, 211.

[58]) I ZR 64/58 in UFITA Bd. 32 (1960) S. 227.

[59]) I ZR 87/58 in UFITA Bd. 32 (1960) S. 247.

keit wahrnehmbar macht [59a]). Die zeitliche Schutzbegrenzung des Urheberrechts wird dadurch für alle Werke, die aufgeführt oder vorgetragen werden, illusorisch.

cc) Parallelen in der Entwicklung des Schutzbedürfnisses hält der Bundesgerichtshof wie folgt für gegeben: 1. durch die von der Technik neu eröffneten Möglichkeiten einer Festlegung von Wiedergabeleistungen ausübender Künstler auf Tonträger und 2. durch die von einer Mitwirkung des ausübenden Künstlers unabhängige Auswertung seiner Wiedergabeleistung. In der Entscheidung „Figaros Hochzeit" [60]) führt der Bundesgerichtshof darüber aus:

> „Erst als auch die Wiedergabeleistung mehr und mehr dem tatsächlichen Machtbereich des ausübenden Künstlers entglitt, weil die Technik immer neue Möglichkeiten erschloß, sie ohne sein Wissen, ja sogar gegen seinen ausdrücklich erklärten Willen über den von ihm gestatteten Rahmen hinaus auszuwerten, hat sich die Frage nach Art und Umfang eines Schutzes seiner Leistung ernsthaft gestellt."

Der Bundesgerichtshof negiert jedoch gleich selbst wieder die urheberrechtliche Bedeutung eines solchen Schutzbedürfnisses und damit die Grundlage seiner urheberrechtlichen Gleichstellungs-Prämisse. Er erklärt nämlich, daß die Entwicklungsgeschichte des Urheberrechts Parallelen nur zu dem „äußeren Anlaß" einer Schutzbedürftigkeit von Wiedergabeleistungen biete. Die „innere Rechtfertigung" eines solchen Schutzes sei „anderen Gesichtspunkten" zu entnehmen, „als sie das Urheberrecht, das dem Schutz von schöpferischen Geisteswerken dient", beherrsche [61]). Der Bundesgerichtshof denkt dabei an persönlichkeitsrechtliche, wettbewerbsrechtliche und allgemein bürgerlich-rechtliche Grundsätze [62]).

Der Bundesgerichtshof, der unter Geltung des § 2 Abs. 2 LitUG seine urheberrechtlichen Deduktionen aus der Prämisse der Gleichstellung des ausübenden Künstlers mit dem Werkbearbeiter ableitete, erklärt also, daß das Schutzbedürfnis für die ausübenden Künstler seine Rechtfertigung außerhalb des Urheberrechts finde. Er betritt damit eine völlig andere Rechtsgrundlage, nämlich die des allgemeinen Rechts und der Generalklauseln, und

---

59a) „Ist das Originalwerk frei, so schwingt der nachschaffende Künstler sich mit einem logischen Trapez-Kunststück zum alleinigen Originalautor durch seine Bearbeitung auf. Beispiel: Goethe gilt nichts mehr, nur noch Gründgens' Faust-Inszenierung. Soweit sie schöpferische Bearbeitung ist, ist ihr urheberrechtlicher Schutz unbestritten und berechtigt. Soweit Gründgens dagegen als ausübender und nachschaffender Künstler, als Schauspieler, auftritt, ist ein Bearbeitungs-Urheberrecht m. E. unhaltbar." So Bruno Pfennig in Film und Recht Nr. 11/1960 S. 15.

60) I ZR 64/58 in UFITA Bd. 32 (1960) S. 228. Siehe auch I ZR 53/58 in UFITA Bd. 32 (1960) S. 215.

61) aaO. S. 228.

62) Siehe I ZR 64/58 in UFITA Bd. 32 (1960) S. 224 ff. und I ZR 87/58 in UFITA Bd. 32 (1960) S. 250.

läßt von dieser Grundlage aus „dahingestellt", ob Schutzansprüche ausübender Künstler „auch" auf § 2 Abs. 2 LitUG gestützt werden können [63]).

3. Die Entscheidungsalternative

Der Bundesgerichtshof, der der Meinung ist, für das fiktive Bearbeiterurheberrecht des § 2 Abs. 2 LitUG gelte das urheberrechtliche Beteiligungsprinzip genauso wie für den eigentlichen Werkschöpfungsschutz, sieht sich in seiner Argumentation vor folgende Alternative gestellt: Entweder stimmt die urheberrechtliche Gleichstellungs-Prämisse nicht, weil das Schutzbedürfnis des ausübenden Künstlers eben kein solches urheberrechtlicher Art ist. Oder es ist für den Leistungsschutz ausübender Künstler auf das Urheberrecht abzustellen, und dann kann es eine urheberrechtliche Gleichstellung mit dem Werkbearbeiter auch nur unter den Voraussetzungen und in den Grenzen des § 2 Abs. 2 LitUG geben, also nur für Fälle, in denen die Wiedergabeleistung individuell im Sinne von urheberrechtlich bedeutsam geprägt ist und auf Tonträger übertragen worden ist.

Aus dem ungelöst gebliebenen Widerspruch zwischen urheberrechtlicher Gleichstellungsprämisse und nichturheberrechtlichem Schutzbedürfnis ergibt sich für das hier erörterte Beteiligungsprinzip zwangsläufig der Schluß, daß das urheberrechtliche Beteiligungsprinzip, wenn es für ausübende Künstler bejaht wird, ebenfalls nur unter den Voraussetzungen und in den Grenzen des § 2 Abs. 2 LitUG gilt. Tantiemen können also, wenn überhaupt, für künstlerische Leistungen nicht generell, sondern nur für individuell geprägte Leistungen bei deren Fixierung auf Tonträgern und der Verwendung solcher Tonträger erhoben werden. Außerhalb des Urheberrechts, insbesondere in der Ebene des allgemeinen Persönlichkeitsrechts, gilt dagegen kein Beteiligungsprinzip im Sinne der von der Rechtsprechung für das Urheberrecht entwickelten Auslegungsregel. Es mag Beteiligungsabsprachen geben. Aber darum geht es nicht.

Unsere Wirtschaftsordnung kennt das Prinzip der Leistungsäquivalenz lediglich als Forderung eines Entgeltes für erbrachte Leistungen; Modalitäten der Zahlung sind der Vereinbarung überlassen. Im Unterschied dazu sind Ansprüche aus dem urheberrechtlichen Beteiligungsprinzip auf einen fortlaufenden Ertrag (Tantiemen) gerichtet und stellen keine bloßen Modalitäten einer Zahlungs-

---

[63]) So bei der Verwertung rechtswidrig (ohne Erlaubnis des ausübenden Künstlers) hergestellter Tonträger: I ZR 64/58 in UFITA Bd. 32 (1960) S. 230 und I ZR 71/58 in UFITA Bd. 32 (1960) S. 242. Siehe auch obige Ausführungen unter Abschnitt I Ziffer 3a).

forderung dar; sie sind Rechte mit dinglicher Wirkung und begründen Zahlungsansprüche gegenüber Dritten.

Das Persönlichkeitsrecht wirkt, wie das Urheberrecht, ebenfalls gegen Dritte. Aber das Persönlichkeitsrecht gibt keine Handhabe für gesetzliche Beteiligungsansprüche. Es zielt auf Verbotsmaßnahmen ab. Das Beteiligungsprinzip hingegen betrifft Fälle einer Erlaubnis zur positiven Nutzung.

4. Unterschiede

Der Bundesgerichtshof befaßt sich für Zwecke seiner Argumentation mit Tatbeständen, die durch den Fortschritt der Technik ausgelöst worden sind. Mitbehandelt aber hat der Bundesgerichtshof nicht die Unterschiede in der strukturellen und in der soziologischen Stellung zwischen Urheber und ausübendem Künstler.

Der Urheber ist für den Regelfall darauf angewiesen, auf eigenes Risiko zu arbeiten. Zwar gibt es auch den „angestellten" oder den „bestellten" Urheber [64]); dies sind jedoch nur vereinzelte oder ganz spezielle Fälle einer Tätigkeit als Urheber. Das Risiko, das der Urheber auf sich nimmt, äußert sich schon in der Wahl des Themas, das er zu bearbeiten entschlossen ist; sodann in der Vorbereitung und Ausarbeitung des Werkes; weiterhin in der Herausbringung des fertiggestellten Werkes; anschließend im wirtschaftlichen Ertrag des der Öffentlichkeit zugänglich gemachten Werkes. Diese Etappen hat der freischaffende Urheber zwangsläufig zu durchlaufen, ehe er im Wege des Rückflusses aus der Verwertung seines Werkes Einnahmen für sich erlöst. Etwa von ihm bezogene Vorschüsse werden aus den Rückflüssen zunächst einmal abgedeckt, so daß sich auch in Bevorschussungsfällen an der für den Urheber gegebenen Situation nicht Wesentliches ändert. Pauschale Abgeltungen sind zumeist auf den ungünstigsten Ertragsfall abgestellt und lassen günstigere Geschäftsentwicklungen außer Betracht. Bei Buchverlag und Bühnenaufführung partizipiert der Urheber unmittelbar am Risiko des Umsatzes; er bekommt in der Regel 10 Prozent vom Ladenpreis des verkauften Werkes oder 10 Prozent, manchmal auch weniger, von den Kasseneinnahmen der Bühnen für das aufgeführte Werk[65]). Demgegenüber erschließt das Beteiligungsprinzip über die Verwertungsgesellschaften dem Urheber neue, risikofreie und

---

64) Siehe § 47 VerlG (Bestellvertrag).

65) Siehe Vertragsmuster bei Erich Schulze, Urhebervertragsrecht, 1960, und bei Bappert-Maunz, Verlagsrecht, Kommentar, 1952; ferner: Vertragswerk des Deutschen Bühnenvereins mit den Verbänden der Autoren und Verleger, abgeschlossen am 3. Mai 1956 in UFITA Bd. 25 (1958) S. 420 ff.; BGH-Urteil vom 23. April 1954 zum Bühnenaufführungsvertrag in UFITA Bd. 18 (1954) S. 206.

fortlaufende Einnahmen. Darin findet es im Verhältnis zu ihm auch seine Rechtfertigung.

Die Stellung des ausübenden Künstlers ist völlig anders. Er wird für den Regelfall in arbeitsrechtlicher Position tätig und hat für sich alle sozialen Schutzbehelfe eines Arbeitnehmers. Er wird zur Erbringung seiner Leistung eigens engagiert. Er erhält spätestens im Zeitpunkt der Beendigung seiner Leistung die mit ihm vereinbarte Vergütung. Als Arbeitnehmer bezieht er das Entgelt außerhalb jedes wirtschaftlichen Risikos und unabhängig vom Erfolg der von ihm erbrachten Leistung. Das ihm gezahlte Entgelt ist für ihn zumindest ausreichend, andernfalls hätte er sich nicht zur Erbringung seiner Leistung vertraglich verpflichtet, vielfach ist es, wie allgemein bekannt ist, weit übersetzt [66]).

Solche strukturellen und soziologischen Unterschiede zeigen, daß für den Urheber notwendig sein kann, was für den ausübenden Künstler entbehrlich ist. Die Unterschiede zeigen außerdem, daß eine rechtliche Gleichstellung fehl am Platz ist, wenn sie nicht in der gleichen Soziallage begründet ist. Tatsächlich ist die Stellung der ausübenden Künstler erheblich besser als die der freischaffenden Urheber. Auch das Recht, nach dem beide antreten, ist für den ausübenden Künstler ein besseres Recht als für den Urheber. Dem Urheberrecht ist die soziale Begrenzung immanent. Schutzfristen, gesetzliche Lizenzen und sonstige Rechtebegrenzungen belasten als soziale Hypothek das urheberrechtliche Werkschaffen und müssen vom Urheber hingenommen werden. Das Arbeitsrecht dagegen bietet dem ausübenden Künstler ein stets noch wachsendes Mehr an sozialem Schutz; für ihn gelten unabdingbare Mindestbestimmungen; für ihn besteht ein gesetzlicher Schutz gegen Krankheit, Invalidität und Alter; er hat gesetzlichen Anspruch auf Urlaub; für ihn gibt es gesetzliche Beschränkungen der Arbeitszeit; an den sozialen Abgaben hat sich kraft Gesetzes der Arbeitgeber jeweils zur Hälfte zu beteiligen.

5. Schlußfolgerungen

Bei Berücksichtigung solcher Unterschiede ist die Anwendung des urheberrechtlichen Beteiligungsprinzips nicht mehr eine bloße Frage der rechtlichen Deduktion, sondern von Grund auf eine Frage des sozialen Schutzbedürfnisses. Dafür läßt sich nicht auf äußere Parallelen und Ähnlichkeiten zur Entwicklung des Urheberrechts ab-

[66]) Nach Angaben bei Erich Schulze, Leistungsschutz, Band 5 der Schriftenreihe der Internationalen Gesellschaft für Urheberrecht e. V., 1958, liegen die Durchschnittshonorare für international anerkannte Solisten bei DM 1500.- bis DM 2000.- pro Sinfoniekonzert, für ein Konzert mit einer Wiederholung bei etwa DM 3000.-.

stellen. Der Schutz läßt sich auch nicht wegen solcher Parallelen und Ähnlichkeiten dem System des Urheberrechts nachbilden oder einfügen. Die Technik hat nicht nur unser geistiges Lebensbild, sondern nicht minder auch die sozialen Umweltsbedingungen verändert. Segen und Fluch der technischen Zivilisation lasten auf uns allen. Die ausübenden Künstler haben durch den Fortschritt der Technik aber noch immer gewonnen. Die Vorstellung, die Konserve habe „den" lebenden Künstler verdrängt, ist durch die Tatsachen längst als Legende erwiesen. Es gab zu keiner Zeit so viel Auswertungsmöglichkeiten und Ertragsquellen für künstlerische Leistungen wie mit Hilfe der Konserve. Dies schließt nicht aus, daß innerhalb der Gruppen der ausübenden Künstler personelle Verschiebungen möglich und auch eingetreten sind. Freilich lassen sich solche Umstände auch als Argumente für den vom Bundesgerichtshof generell bejahten Leistungsschutz anführen. Nur bleibt zu bedenken, daß man dadurch nicht den wirtschaftlich schwachen Kräften der künstlerischen Berufe zu Einnahmen verhilft, sondern gerade denen, die über das Massenkommunikationsmittel der Konserve wirken und aus ihrer Mitwirkung bei der Herstellung der Konserve bereits hohe Einnahmen erlösen. Dem sozial „bedrängten" Musiker werden über Tantiemeansprüche weder neue noch zusätzliche Arbeitsplätze erschlossen; für ihn wird über Tantiemeansprüche auch keine menschenwürdige Existenz geschaffen. Bezugsberechtigt bei Verwertungsgesellschaften ist der „Erfolgreiche"; nur er trägt organisatorisch und finanziell die Kollektivverwaltung; nur er ist derjenige, der über sie mit „Ausschüttungen" zu rechnen hat.

Damit soll nicht etwa ein zusätzliches Schutzbedürfnis mit Geltung für die ausübenden Künstler verneint, sondern nur die Notwendigkeit der Auffindung sach- und wesensgerechter Lösungen betont werden. Diese Aufgabe kann die Gesetzgebung weit leichter, gründlicher und besser erfüllen als die Rechtsprechung, die sich, wie auch immer ihre Entscheidungen ausgehen, unter dem geltenden Recht stets noch mit den Schwierigkeiten der urheberrechtlichen Fehlkonstruktion des § 2 Abs. 2 LitUG abzumühen hat.

III. Ausgleich oder Konkurrenz

1. Konkurrierende Rechtegruppen

Der Bundesgerichtshof räumt den ausübenden Künstlern unter den Voraussetzungen des § 2 Abs. 2 LitUG die volle urheberrechtliche Stellung eines Werkbearbeiters ein (§ 2 Abs. 1 LitUG). Um diese urheberrechtliche Stellung zu beziehen, bedarf es nach Auffassung des Bundesgerichtshofs beim ausübenden Künstler nicht der Erbringung urheberrechtlich bedeutsamer Leistungen; es genügt die Tätigkeit schlechthin. In Konsequenz davon ist der Paukenschläger ebenso wie der Dirigent eines Orchesters urheberberechtigt.

Der Bundesgerichtshof läßt als Ausnahmefall beim ausübenden Künstler die Möglichkeit einer echten Werkurheberschaft zu [67]), prüft diese Frage aber nicht näher, weil ihm keiner der vier Entscheidungsfälle dazu tatbestandsmäßig Veranlassung gegeben hat [68]). Dies aber schließt nicht aus, daß der vom Bundesgerichtshof als möglich zugelassene Ausnahmefall in die Betrachtungen über die Konkurrenz der Rechte mit einbezogen wird.

Demgemäß ergeben sich für den urheberrechtlichen Bereich des Leistungsschutzes ausübender Künstler folgende Gruppen konkurrierender Rechte:

1. Rechte des Werkurhebers (Autor) und Rechte der ausübenden Künstler in der Stellung von Miturhebern (Ausnahmefall im Sinne der BGH-Entscheidungen);
2. Rechte des Werkurhebers (Autor) und Rechte der ausübenden Künstler in der Stellung von Werkbearbeitern (Regelfall im Sinne der BGH-Entscheidungen);
3. Rechte des ausübenden Künstlers im Verhältnis zueinander.

Diese drei Gruppen konkurrierender Urheberrechte bestehen, wiederum im Sinne der Entscheidungen des Bundesgerichtshofs, unter den Voraussetzungen des § 2 Abs. 2 LitUG, mithin für den Fall, daß die von ausübenden Künstlern unter ihrer persönlichen Mitwirkung erbrachten Leistungen bestimmungsgemäß und damit auch erlaubterweise bereits auf Tonträger (Schallplatte) fixiert worden sind [69]). Für Fälle einer Zweitnutzung noch nicht auf Tonträger fixierter Leistungen [70]) und für die öffentliche Wiedergabe von Live-Sendungen in gewerblichen Betrieben [71]) greift der Bundesgerichtshof auf allgemeinrechtliche Vorschriften (Generalklauseln) außerhalb des Urheberrechts zurück, insbesondere auf das

---

67) Diese Frage ist durch eine (nichtrechtskräftige) Entscheidung des Oberlandesgerichts Hamburg bereits praktisch geworden, siehe darüber Roeber in Film und Recht Nr. 7/1960 S. 7 ff. [10]. Der Bundesgerichtshof wird also Gelegenheit haben, sich demnächst auch mit der werkurheberschaftlichen Stellung des ausübenden Künstlers zu befassen.

68) Siehe I ZR 53/58 in UFITA Bd. 32 (1960) S. 210/211 und I ZR 64/58 in UFITA Bd. 32 (1960) S. 227 (unter Hinweis auf Troller).

69) Streitfall „Aufführungsrechte an Schallplatten" I ZR 53/58 in UFITA Bd. 32 (1960) S. 200.

70) Streitfall „Figaros Hochzeit" I ZR 64/58 in UFITA Bd. 32 (1960) S. 223 und Streitfall „Orchester Graunke" I ZR 71/58 in UFITA Bd. 32 (1960) S. 236.

71) Streitfall „Düsseldorfer Gastwirte" I ZR 87/58 in UFITA Bd. 32 (1960) S. 243.

allgemeine Persönlichkeitsrecht. Die urheberrechtliche Schutzbestimmung des § 2 Abs. 2 LitUG reduziert sich demgegenüber auf die Bedeutung eines speziellen Anwendungsfalles. Die Ansprüche ausübender Künstler basieren nicht mehr im Urheberrecht, sondern im allgemeinen Recht und hier wiederum im Persönlichkeitsrecht.

Zu den erwähnten drei Gruppen tritt mithin noch

4. die Gruppe der Persönlichkeitsrechte

hinzu.

Diese vierte Gruppe umschließt eine Art Querschnittsproblematik. Sie umfaßt 1. das Verhältnis des Werkurhebers zu jedem Leistungsträger von Persönlichkeitsrechten, 2. das Verhältnis des Werkurhebers zu seinem eigenen Persönlichkeitsrecht und 3. das persönlichkeitsrechtliche Verhältnis der ausübenden Künstler zueinander. Entsprechend dieser Querschnittsproblematik multiplizieren sich für den Gesamtbereich des Leistungsschutzes der ausübenden Künstler zusammen mit den Schwierigkeiten auch die Gefahren einer Konkurrrenz von Rechten.

2. Negative Abwehr

Urheberrechte und Persönlichkeitsrechte sind beides absolute Rechte. Diesen ist wesentlich, daß sie gegen jeden Dritten wirken (Rechte mit dinglicher Wirkung). Der Unterschied zwischen beiden ist der, daß der Urheberberechtigte nach seiner Wahl den Verbotsanspruch oder den Vergütungsanspruch geltend machen kann, also entweder das Verbot der Verwertung oder aber die Verwertung für sich fordert, während das Persönlichkeitsrecht nur auf Verbot abzielt und Vergütungsansprüche nur in Gestalt materieller und immaterieller Schadensforderungen (Zuwiderhandlungen gegen den Verbotsanspruch) zuläßt. Dieser Unterschied ist, wie schon oben in Abschnitt I ausgeführt wurde, von entscheidender Bedeutung für die Frage der Herleitung positiver Nutzungsrechte. Aus dem Persönlichkeitsrecht lassen sich, entgegen den Deduktionen des Bundesgerichtshofs, keine positiven Nutzungsrechte herleiten. Dagegen ist es für das Problem der konkurrierenden Rechte von entscheidender Bedeutung, daß sowohl aus dem Urheberrecht als auch aus dem Persönlichkeitsrecht der Verbotsanspruch jedem Dritten gegenüber geltend gemacht werden kann.

Für die gesetzlichen Reformbestrebungen und für die internationale Regelungsabsichten stellt sich beim Leistungsschutz der ausübenden Künstler daher von vornherein die Frage: ob Einräumung von Verbotsansprüchen oder aber Beschränkung auf den bloßen Vergütungsanspruch. Für das geltende deutsche Recht ist nach den Entscheidungen des Bundesgerichtshofs diese Frage im Prinzip nicht mehr gestellt; der ausübende Künstler hat, gleichviel, ob aus Urheberrecht oder aus allgemeinem Persönlichkeitsrecht, den Verbotsanspruch in bezug auf seine Leistungen genauso wie der Urheber in bezug auf sein Werk. Damit aber erwächst dem Werkurheber in der Person eines jeden einzelnen der an der Werkwiedergabe insgesamt beteiligten Künstler ein rechtlicher Widerpart mit gleichstarkem Anspruch. Jeder von ihnen ist in der Lage, die Auswertung des Werkes zum Nachteil des Werkurhebers und aller anderen außer ihm bei der Werkwiedergabe beteiligten Personen kraft der dinglichen Wirkung des ihm zustehenden Verbotsanspruches zu unterbinden.

3. Positive Nutzung

In dem Rechtsstreit „Aufführungsrechte an Schallplatten" hatte das Berufungsgericht den Schallplattenherstellern als Rechtsnachfolgern der mitwirkenden Künstler aus dem Aufführungsrecht an der Schallplatte zwar den Verbotsanspruch zuerkannt, ihnen dagegen abgesprochen, daß sie ohne Einwilligung der Werkurheber die öffentliche Aufführung der Schallplatten Dritten (Musikveranstaltern) gestatten dürften. Das Berufungsgericht hatte diese Unterscheidung zwischen Verbotsrecht und Nutzungsrecht damit begründet, daß die Verwertung des fiktiven Bearbeiterurheberrechtes an der Schallvorrichtung von dem Urheberrecht des Schöpfers des auf ihr festgelegten Werkes abhängig sei [72]). Der Bundesgerichtshof hat diese Auffassung nicht gelten lassen; er hat den ausübenden Künstlern und demgemäß auch den Schallplattenherstellern nach § 2 Abs. 2 LitUG das Recht zuerkannt, die öffentliche Aufführung von Schallplatten gleichermaßen zu verbieten (negativer Abwehranspruch) wie zu gestatten (positiver Nutzungsanspruch). Der Bundesgerichtshof spricht in diesem Zusammenhang von „einander überlagerten Urheberrechten an der Schallplatte" [73]), die aber nur insofern voneinander abhängig seien, als ihre „tatsächliche Verwertung" auf eine dem Urheber vorbehaltene Benutzungsart (hier: die öffentliche Aufführung) die Einwilligung aller Urheberberechtigten an der Schallplatte voraussetze. Das aber bedeute nicht, daß etwa der Inhaber des Bearbeiterurheberrechts aus § 2 Abs. 2 LitUG grundsätzlich gehindert sei, ohne Mitwirkung des Inhabers der Originalurrechte einfache oder ausschließliche Nutzungsbewilligungen hinsichtlich seines Aufführungsrechtes zu erteilen. Ledig-

---

72) I ZR 53/58 in UFITA Bd. 32 (1960) S. 204.

73) aaO. S. 220 f.

lich die tatsächliche Ausübung dieser Nutzungsbewilligung, nicht dagegen die rechtliche Verfügung über sie sei an die Erlaubnis des Originalurhebers gebunden. Das Urheberrecht am Originalwerk (Komposition) und das Urheberrecht an der Bearbeitung (Schallplatte) stellen, so argumentiert nach dem Beispiel beim abhängigen Patent der Bundesgerichtshof in Ablehnung der Betrachtungsweise des Berufungsgerichts, zwei originär entstehende, nicht voneinander abgeleitete Ausschließlichkeitsrechte dar, und der Bearbeiter genieße auch gegenüber dem Schöpfer des von ihm bearbeiteten Werkes vollen Urheberschutz [74]).

Im praktischen Ergebnis bedeutet dies: die GEMA kann Musikveranstaltern die öffentliche Aufführung von Schallplatten hinsichtlich der darauf fixierten Komposition gestatten, und unabhängig davon kann eine Verwertungsgesellschaft für Leistungsschutzrechte Musikveranstaltern das öffentliche Aufführungsrecht an der Schallplatte hinsichtlich der darauf fixierten Leistungen mitwirkender Künstler einräumen. Nur beim Musikveranstalter selbst, als demjenigen, der die Nutzungsbewilligungen „tatsächlich ausübt", liegt es, beide Arten von Aufführungsrechten zusammenzuführen.

Lägen beide Arten von Rechten bei ein und derselben Verwertungsgesellschaft, so ließen sich Kollisionen vermeiden. Der Fall läge nicht anders als hinsichtlich der musikalischen Kompositionen bei der GEMA selbst: die GEMA vereinigt organisatorisch zusammen mit den Rechten der Werkurheber (Komponist, Textdichter) auch die Rechte der musikalischen Bearbeiter. Würde sich die Organisation der GEMA oder die einer sonstigen Verwertungsgesellschaft gleichzeitig auf die jeweils andere Art von Rechten miterstrecken, so könnte der Veranstalter in einem einheitlichen Rechtsgang die Berechtigung zur öffentlichen Aufführung mit Geltung sowohl für das auf dem Tonträger fixierte Werk (Urheber) als auch für die darauf fixierten Leistungen ausübender Künstler (Musiker) erwerben. Die Praxis jedoch ist anders gelaufen. Der Musikveranstalter kontrahiert mit der GEMA als einer Verwertungsgesellschaft, die, wenn sie auch nach einer Entscheidung des Bundesgerichtshofs für ihre Tätigkeit keine rechtliche Monopolstellung mehr in Anspruch nehmen kann [75]), doch über ein tatsächliches Monopol für die Vergebung von Aufführungsrechten an urheberrechtlich geschützter Musik verfügt. Anders liegt es bei der Verwertung der jetzt vom Bundesgerichtshof den Schallplattenherstellern als Rechtsnachfolgern der ausübenden Künstler zugesprochenen Aufführungsrechte;

---

[74]) aaO. S. 220.

[75]) Siehe Urteil vom 30. November 1954 in UFITA Bd. 20 (1955) S. 111.

für diese Rechte und auch für Rechte ausübender Künstler zur öffentlichen Lautsprecherwiedergabe von Sendedarbietungen gibt es kein tatsächliches Monopol für eine mit der Vergebung solcher Rechte befaßte Verwertungsgesellschaft, sondern eine Konkurrenz zwischen mehreren Verwertungsgesellschaften, deren jede über ein anderes Leistungsrepertoire verfügt, und deren keine bisher ihren Rechtebestand offengelegt oder nachgewiesen hat [76]).

Diese hinkende Voraussetzung im Abschluß von Lizenzverträgen über Leistungsschutzrechte hat der Bundesgerichtshof bei seinen Deduktionen gänzlich außer Betracht gelassen. Sie aber bedeutet, daß der Musikveranstalter nicht schon von sich aus für den Akt der Aufführung von Schallplatten die beiderseitigen Rechte organisch zusammenführen kann, wie dies der Bundesgerichtshof mit dem Gedanken vermeint, daß „lediglich" die tatsächliche Ausübung dieser Nutzungsbewilligungen, nicht dagegen die rechtliche Verfügung über sie, an die Erlaubnis des Originalurhebers gebunden sei. Die durchaus mögliche Diskrepanz in der Zusammenführung der Rechte beim Musikveranstalter wirkt sich, solange sie besteht, dahin aus, daß der Musikveranstalter, obgleich er die GEMA-Lizenz erworben hat, die Schallplatte bei sich nicht aufführen darf, wenn und weil ihm die Lizenz aus dem Leistungsschutz versagt bleibt. Hier erweist sich konkret ein Einbruch der Rechte ausübender Künstler in die Rechts- und Interessensphäre der Werkurheber.

4. Regulative

Für das Gebiet des Urheberrechts hat sich, erhärtet durch die Rechtsprechung, der Grundsatz entwickelt, daß bei einer Mehrzahl beteiligter Urheber (Miturheberschaft) jeder der Miturheber aus seinem Recht selbständig den Verbotsanspruch geltend machen kann, daß es dagegen für die Verwertung des gemeinschaftlichen Werkes der Zustimmung aller Beteiligten bedarf. Dieser Grundsatz geht positivrechtlich auf § 6 LitUG zurück, stellt aber bereits eine den praktischen Erfordernissen angepaßte Modifizierung in der Handhabung der Vorschrift des § 6 LitUG dar, die selbst noch von dem individualistischen Prinzip der bürgerlich-rechtlichen Bruchteilsgemeinschaft (§§ 741 ff. BGB) beherrscht ist [77]).

Das gleiche Problem wie für die beteiligten Werkurheber besteht im Verhältnis der Künstler zueinander, die mit der Wiedergabe des Werkes befaßt sind. Dem Gesamtwerk (Gemeinschaftsschöpfung) entspricht für dessen Wiedergabe bei den ausübenden Künstlern die

---

[76]) Siehe dazu die Notiz „Die Verwertung von Leistungsschutzrechten in der Praxis" in Film und Recht Nr. 2/1961 S. 10 ff.

[77]) Näheres bei Roeber in Film und Recht Nr. 7/1960 S. 9.

Gesamtleistung (Gemeinschaftsleistung)[78]. Fälle von Gesamtleistungen sind beim Orchester und beim Chor gegeben; ihnen stehen die Solisten als Erbringer künstlerischer Einzelleistungen gegenüber. Die Stellung des Dirigenten fällt, wie etwa vergleichsweise beim Regisseur eines Filmwerkes, in den Bereich der Gesamtleistung, wenn auch der Dirigent es ist, der vermöge seiner Leistung erst die Vielzahl der mitwirkenden Kräfte für die Wiedergabe des Werkes künstlerisch zusammenführt und die Leistungen jedes einzelnen von ihnen zu einer Gesamtleistung harmonisiert.

Bei Übernahme des urheberrechtlichen Grundsatzes und dessen vorbehaltloser Anwendung könnte j e d e r einzelne der beteiligten Künstler aus dem ihm vom Bundesgerichtshof zuerkannten Recht die Gesamtleistung durch Geltendmachung des Verbotsanspruches unterbinden, während es zur Auswertung der Gesamtleistung sowohl für deren erstmalige Erbringung als auch für die verschiedenen Formen ihrer Zweitnutzung der Zustimmung a l l e r Mitwirkenden bedarf.

Für die richterliche Behandlung dieses Problems stellte sich zunächst die Frage, ob und in welchen Grenzen Abmachungen 1. unter den Mitwirkenden und 2. zwischen den Mitwirkenden und den Leistungsverwertern im besonderen Hinblick auf die persönlichkeitsrechtliche Bindung der erbrachten Leistungen und der daraus resultierenden Rechte zulässig sind. Der Bundesgerichtshof bejaht die Zulässigkeit solcher Vereinbarungen. Für das Innenverhältnis läßt er die Wahrnehmung der Rechte durch einen gemeinsamen Bevollmächtigten (Orchestervorstand oder Orchesterleiter) und für das Außenverhältnis eine Rechtsübertragung auf Grund von Einzelverträgen, Tarifverträgen und Orchestersatzung zu[79].

Beim Fehlen einer ausdrücklichen Vereinbarung stellt sich die Frage, ob und unter welchen Voraussetzungen auf eine stillschweigende Zustimmung des einzelnen zur Verwertung der Gesamtleistung geschlossen werden kann. Der Bundesgerichtshof, der vergleichsweise schon in Fällen der filmischen Verwertung einen stillschweigenden Rechtsübergang auf den Filmhersteller zugelassen hatte[80], bejaht für das Verhältnis der Mitglieder zum Orchestervorstand und Orchesterleiter (Dirigent) grundsätzlich die Möglich-

---

[78] Der Bundesgerichtshof spricht bei Chor- und Orchesteraufführungen von „Gruppenleistungen" (I ZR 64/58 in UFITA, aaO. S. 230, 231 und I ZR 71/58 in UFITA, aaO. S. 241), von „Gemeinschaftsverhältnissen" (I ZR 64/58 in UFITA, aaO. S. 321) und von einer „Gesamtleistung" (I ZR 64/58 in UFITA, aaO. S. 232).

[79] Siehe I ZR 64/58 in UFITA Bd. 32 (1960) S. 230 (Wahrnehmungsbefugnis), S. 234/235 (Tarifvertrag und Tarifordnung), S. 231 (Orchestersatzung), S. 233 (Dienstvertrag) sowie I ZR 71/58 in UFITA Bd. 32 (1960) S. 241/242.

[80] Urteil vom 8. Februar 1957 in UFITA Bd. 24 (1957), S. 399, und das Urteil vom 13. November 1959 in UFITA Bd. 32 (1960), S. 195.

keit einer stillschweigenden Einräumung der Befugnis zur Wahrnehmung ihrer Rechte gegenüber dem Leistungsverwerter [81]) und für das Verhältnis zum Leistungsverwerter unter bestimmten Voraussetzungen die Möglichkeit eines stillschweigenden Rechtsübergangs [82]). Er stellt für die Wahrnehmungsbefugnis bei Orchestermitgliedern letzthin auf den Grundsatz von Treu und Glauben ab und führt dazu aus:

> „Wer sich in eine solche Gemeinschaft hineinbegibt, nimmt eine Begrenzung in der Ausübung seiner bei gemeinschaftlichen Leistungen entstehenden Rechte durch die Interessen der Mitbeteiligten in Kauf.“ [83])

Für die arbeitsrechtlich fundierten Vertragsbeziehungen zu Theater- oder Orchesterunternehmen der öffentlichen Hand bedarf es nach Auffassung des Bundesgerichtshofs nicht einmal der Annahme einer auch nur stillschweigenden Rechtsübertragung seitens der Orchestermitglieder. Hier stellt der Bundesgerichtshof gleich unmittelbar auf den Verbotsanspruch ab, dessen Geltendmachung er kraft des durch Dienstvertrag begründeten Treueverhältnisses ausschließt, wenn dem Orchestermitglied zur Benutzung seiner Leistung für eine Zweitauswertung eine angemessene Vergütung angeboten wird und keine Gründe ersichtlich sind, die eine solche Duldung im Einzelfall als unzumutbar erscheinen lassen [84]). Auf das Vorliegen einer Duldungspflicht mit der Folge des Verzichts auf die Geltendmachung des Verbotsanspruchs schließt der Bundesgerichtshof aus der besonderen (beamtenähnlichen) Stellung solcher Dienstverpflichteter. Der Bundesgerichtshof spricht hier von einem Ergebnis „im Wege ergänzender Vertragsauslegung“ [85]).

Auf den in den Entscheidungsgründen ebenfalls aufgeworfenen Gedanken einer mißbräuchlichen Rechtsausübung geht der Bundesgerichtshof nicht näher ein. Er begründet dies damit, daß ein mißbräuchliches Handeln im gegebenen Streitfall nicht zur Erörterung gestanden habe [86]). Gleichwohl verdient der Gedanke des Rechtsmißbrauchs für die Folgezeit besondere Beachtung, weil unter Umständen darüber zur Sicherung der künstlerischen Gesamtleistung brauchbare Ergebnisse erzielt werden könnten [87]).

Die angeführten Überlegungen zu Fragen der Ausübung und der Vergebung von Leistungsschutzrechten entwickelte der Bundes-

---

81) I ZR 71/58 in UFITA Bd. 32 (1960) S. 242.
82) I ZR 64/58 in UFITA Bd. 32 (1960) S. 232/234.
83) I ZR 64/58 in UFITA Bd. 32 (1960) S. 231/232.
84) I ZR 64/58 in UFITA Bd. 32 (1960) S. 234.
85) I ZR 64/58 in UFITA Bd. 32 (1960) S. 235.
86) I ZR 64/58 in UFITA Bd. 32 (1960) S. 232 und I ZR 53/58 in UFITA Bd. 32 (1960) S. 209/210.
87) So auch Ulmer in UFITA Bd. 33 (1961) S. 13, unter Hinweis auf bereits früher von ihm diesbezüglich geäußerte Ansichten.

gerichtshof mit Geltung für die Orchestermitglieder. Für den Dirigenten und für Solisten dagegen hält er an der Forderung fest, daß jeder dieser Beteiligten regelmäßig zur selbständigen Wahrnehmung seines Zustimmungsrechtes befugt bleibt [88]). Erstaunlicherweise bezieht der Bundesgerichtshof Chor und Ballett mit in diese Gegengruppe ein, beurteilt die Mitglieder von Chor und Ballett also grundsätzlich anders als die Orchestermitglieder. Der Bundesgerichtshof begründet die Unterscheidung damit, daß zwischen Orchester einerseits, Chor und Ballett, Solisten und Dirigent andererseits „keine so enge soziale Gebundenheit" wie zwischen den Orchestermitgliedern untereinander bestehe. Für das gegenseitige Verhältnis der beiden Gruppierungen und das Verhältnis innerhalb der Gegengruppe (Dirigent, Solisten, Chor und Ballett) baut der Bundesgerichtshof als rechtliches Regulativ lediglich die Forderung ein, daß sich niemand willkürlich über die Interessen und den Willen der Mitberechtigten hinwegsetzen darf und daher regelmäßig zur Zustimmung verpflichtet sein wird [89]).

Die aufgezeigten Regulative gehen auf allgemeine Rechtsgedanken zurück. Der Bundesgerichtshof bedient sich dafür nicht der Regeln über die Bruchteilsgemeinschaft (§ 6 LitUG in Verbindung mit §§ 741 ff. BGB), auf die es noch das Berufungsgericht im gleichen Streitfall („Figaros Hochzeit") für seine Entscheidung abgestellt hatte [90]).

5. Schlußfolgerungen

Der Bundesgerichtshof nutzt mit seinen vier Grundsatzentscheidungen äußerste Möglichkeiten des geltenden Rechts für eine Zuerkennung von Rechten an ausübende Künstler. In diesem Sinne kennzeichnet sich der Rechtsstandpunkt des Bundesgerichtshofs als entscheidungsextrem. Der Bundesgerichtshof hat aber dabei schon von sich aus wesentliche Konsequenzen durch den Einbau hemmender Regulative paralysiert, doch keineswegs alle.

Der Rechtsstandpunkt des Bundesgerichtshofs kennzeichnet sich als entscheidungsextrem durch folgende Merkmale der Behandlung:

1. Den ausübenden Künstlern wird unter den Voraussetzungen des § 2 Abs. 2 LitUG (Übertragung eines persönlichen Vortrages auf Tonträger) ein vollwertiges Bearbeiterurheberrecht und aus diesem an Tonträgern das öffentliche Aufführungsrecht, das Senderecht und das Recht zur öffentlichen Lautsprecherübertragung von Sendedarbietungen zugesprochen;

---

88) I ZR 64/58 in UFITA Bd. 32 (1960) S. 232/233.
89) I ZR 64/58 in UFITA Bd. 32 (1960) S. 233.
90) I ZR 64/58 in UFITA Bd. 32 (1960) S. 230.

2. über den § 2 Abs. 2 LitUG hinaus wird den ausübenden Künstlern aus Vorschriften und Grundsätzen des allgemeinen Rechts (Generalklauseln), vor allem aus dem allgemeinen Persönlichkeitsrecht, ein genereller Leistungsschutz zuerkannt;

3. der generelle Leistungsschutz wird, auch soweit er seine Grundlage nicht im Urheberrecht findet, in der doppelten Gestalt eines Verbots- und eines Vergütungsanspruches gewährt;

4. Verbots- und Vergütungsanspruch werden jedem einzelnen der mitwirkenden Künstler für alle Formen einer Auswertung seiner Leistung (so Senderecht, Aufführungsrecht, Recht zur öffentlichen Lautsprecherwiedergabe von Sendedarbietungen) und für alle Formen der Erbringung von Leistungen (Einzelleistungen und Gemeinschaftsleistung; künstlerische und unkünstlerische Einzelleistungen) zugesprochen;

5. nicht nur hinsichtlich der Herleitung, sondern auch inhaltlich sind die Ansprüche persönlichkeitsrechtlich bezogen;

6. soweit der Leistungsschutz auf dem Persönlichkeitsrecht beruht, gelten für den Berechtigten nicht die nach dem Urheberrecht für die Verwertung von Werken zeitlich und inhaltlich gezogenen Schranken, so daß der ausübende Künstler über das Persönlichkeitsrecht einen stärkeren Rechtsschutz als der Werkurheber genießt.

Der Bundesgerichtshof korrigiert die Konsequenzen seines entscheidungsextremen Rechtsstandpunktes in folgender Weise:

1. Trotz der persönlichkeitsrechtlichen Bindung sind für die Wahrnehmung und Vergebung der Rechte Vereinbarungen im Innen- und Außenverhältnis zugelassen;

2. bei Orchestermitgliedern ist nach allgemeinen Rechtsgrundsätzen auch eine stillschweigende Bevollmächtigung des Orchestervorstandes oder Orchesterleiters (Dirigenten) zur Wahrnehmung der Rechte jedes einzelnen und unter bestimmten Voraussetzungen ein stillschweigender Übergang von Rechten auf den vertragsbeteiligten Leistungsverwerter möglich;

3. Dirigent, Solisten sowie die Mitglieder der Gruppen Chor und Ballett müssen zwar einzeln ihre Zustimmung erteilen, dürfen die Zustimmung jedoch nicht willkürlich verweigern;

4. Orchestermitglieder in Dienststellung bei Theater- und Orchesterunternehmen der öffentlichen Hand trifft regelmäßig eine Duldungspflicht mit der Wirkung des Verzichts auf die Geltendmachung von Verbotsansprüchen.

Mit Hilfe solcher Regulative wird die Zustimmung von Mitwirkenden zur Auswertung ihrer Leistungen (Einzelleistung, Gesamtleistung) herbeigeführt. Aber selbst dann fehlt noch jede Koordination zum Werkurheber. Ausübende Künstler und Werkurheber stehen für die Vergebung ihrer Rechte beziehungslos nebeneinander. Das gleiche gilt für die Verwertungsgesellschaften dieser Rechte.

Durch die Regulative wird die Auswertung der erbrachten Leistungen für den Geschäftsverkehr rechtlich erleichtert. Dagegen bleibt das Problem der Handhabung des Verbotsanspruches nach wie vor ungelöst. Der Bundesgerichtshof reguliert zwar mit der Konstruktion der stillschweigenden Rechtshandlung für Wahrnehmung und Übertragung von Rechten den Ausschluß des Verbotsanspruches. Dies gilt jedoch nicht für den Dirigenten und etwaige Solisten und auch nicht für die Gruppen Chor und Ballett. Jeder einzelne dieser Gegengruppe muß grundsätzlich selbst die Zustimmung zur Auswertung seiner Leistung, auch soweit sie Bestandteil einer Gesamtleistung ist, erteilen, was im Sinne der Überlegungen des Bundesgerichtshofs nur im Wege einer ausdrücklichen Erklärung gegenüber dem Leistungsverwerter, also — anders als bei den Orchestermitgliedern — nicht stillschweigend möglich sein dürfte; insoweit wirkt lediglich als Regulativ, daß der Berechtigte seine Zustimmung nicht „willkürlich" versagen darf. Als mögliches Regulativ, das vom Bundesgerichtshof in seinen vier Grundsatzentscheidungen jedoch nicht näher behandelt worden ist, verbleibt der Gedanke des Rechtsmißbrauchs. Schon aus diesen Gründen bestehen Ungewißheiten in der rechtlichen Situation fort. Selbst wenn man im konkreten Beurteilungsfall zu dem Ergebnis käme, daß weder eine willkürliche Verweigerung der Zustimmung, noch überhaupt ein Rechtsmißbrauch im Bereiche jener Gegengruppe (Dirigent, Solisten, Chor, Ballett) vorliegt, stellt sich unweigerlich die Frage, nach welchen Grundsätzen der dann als berechtigt ausgewiesene Verbotsanspruch zu handhaben wäre, damit durch ihn nicht zum Nachteil der übrigen Mitwirkenden und des Werkurhebers die Auswertung einer Gesamtleistung unterbunden wird. Für Fälle dieser Art fehlt in den Entscheidungen des Bundesgerichtshofs das erforderliche Regulativ.

Man wird dem Bundesgerichtshof zuerkennen müssen, daß es gar nicht in seiner Macht steht, unter dem geltenden Recht für Fälle eines berechtigten Versagens der Zustimmung ein regulierendes Prinzip herauszustellen. Der Gedanke der Interessenabwägung bietet sich zwar an. Aber es erscheint fraglich, ob er als Kriterium ausreicht. Die Interessenabwägung ist ein immanentes

Gebot jeder richterlichen Entscheidung, auch der über das Vorliegen einer mißbräuchlichen Rechtsausübung. Zum Regulativ konkurrierender Rechte fehlt ihm die selbständige Eigenbedeutung. Der Gedanke des Rechtsmißbrauchs scheidet als Regulativ aus, weil es sich eben um Fälle eines berechtigten Versagens der Zustimmung handelt, diese Fälle also bereits die Prüfung mit dem Ergebnis durchlaufen haben, daß ein Rechtsmißbrauch nicht vorliegt. Gerade für diese Fälle aber erscheint nach Maßgabe der Entscheidungen des Bundesgerichtshofs ein Regulativ unerläßlich.

Wenn aber die Berechtigung eines Anspruches feststeht, muß auch seine Ausübung zugelassen werden. Der Bundesgerichtshof liefert mit der Abstellung des künstlerischen Leistungsschutzes auf das Persönlichkeitsrecht selbst die Gegenargumente. Wer nach persönlichkeitsrechtlichen Grundsätzen das freie Entscheidungsrecht über Art und Umfang der Auswertung seiner Leistung hat und es nach den Prinzipien des Persönlichkeitsrechts behalten muß, kann ohne Statuierung eines Regulativs nicht daran gehindert werden, sein Persönlichkeitsrecht auszuüben. Dazu kommt, daß der Bundesgerichtshof eine Beschränkung im Grade der Gemeinschaftsbindung durch die Statuierung eines Unterschiedes zwischen den Orchestermitgliedern einerseits, Dirigenten, Solisten, Chor und Ballett andererseits herbeiführt, so daß für diese Gegengruppe nicht auf Regulative zurückgegriffen werden kann, die nach den Überlegungen des Bundesgerichtshofs für Orchestermitglieder wirksam wird.

Aus diesen Gründen dürfte es schwer sein, unter den eigenen Voraussetzungen der Entscheidungen des Bundesgerichtshofs eine Regulierungslücke im Wege der Rechtsprechung zu schließen. Sie könnte geschlossen werden mit Hilfe der Rechtsfigur eines gesetzlichen Mandats an den Orchestervorstand oder an den Leiter des Orchesters (Dirigenten) des Inhalts, daß der Mandatar berechtigt ist, mit Geltung für alle an der Gemeinschaftsleistung mitwirkenden Künstler die Zustimmung zur Zweitnutzung, gleichviel um welche Formen einer Zweitnutzung es sich im Einzelfall handelt, dem Leistungsverwerter zu erteilen oder aber zu versagen und dies auch dann, wenn in der Person eines einzelnen oder mehrerer Mitwirkender Behinderungsgründe aus dem Persönlichkeitsrecht bestehen sollten. Ob freilich der Gesetzgeber, der allein dazu berufen wäre, ein solches Regulativ in das Rechtssystem einzubauen, die Entscheidungsgrundlagen des Bundesgerichtshofs betreten oder aber für die Regelung des Leistungsschutzes eigene Wege gehen wird, ist eine andere und noch unentschiedene Frage. Solange aber der Gesetzgeber in das System des künstlerischen Leistungsschutzes mit eigenen Maßnahmen nicht eingreift, wird sich die Rechtsprechung auf dem vom Bundesgerichtshof nun einmal beschrittenen Wege in Fragen des Leistungsschutzes vor weitere und möglicherweise noch schwierigere Aufgaben gestellt sehen als bisher.

IV. Rechtsetzung oder Rechtsprechung

1. Nationale und internationale Reformarbeiten

Seit mehr als dreißig Jahren wird an der innerdeutschen Reform des Urheberrechts gearbeitet. Das Reichsjustizministerium hatte als Ergebnis den Entwurf von 1932, die Akademie für deutsches Recht den ihren 1938/39 vorgelegt. Das Bundesjustizministerium hat den Referentenentwurf von 1954 durch den Ministerialentwurf von 1959 ersetzt. In sämtlichen Entwürfen sind Vorschriften zur Regelung des Leistungsschutzes enthalten, im Entwurf des Reichsjustizministeriums noch allein für die ausübenden Künstler, im Akademie-Entwurf bereits mit Geltung auch für die Hersteller von Bild- und Schallvorrichtungen und für die Rundfunkanstalten.

International haben die Arbeiten der Nachkriegszeit (1945) für die drei zu einer Regelung des Leistungsschutzes zusammengefaßten Gruppen der ausübenden Künstler, der Hersteller von Tonträgern und der Sendegesellschaften ihren Niederschlag in mehreren Abkommensentwürfen gefunden. Auf den Römischen Vorentwurf von 1951 [91]) folgten der Genfer Entwurf des Internationalen Arbeitsamts von 1956 [92]), der Monaco-Entwurf der Berner Union und der UNESCO von 1957 [93]) und als letzter der gemeinsame Haager-Entwurf vom Mai 1960 [94]). Das 1960 über den Europarat zustande gekommene Abkommen zum Schutze von Fernsehsendungen [95]) gehört zwar ebenfalls zum Bereich des Leistungsschutzes, berührt die ausübenden Künstler jedoch nur mittelbar. Noch im Laufe des Jahres 1961 soll eine diplomatische Konferenz über den internationalen Leistungsschutz beraten und das Abkommen verabschieden [96]).

---

91) UFITA Bd. 18 (1954) S. 77.
92) UFITA Bd. 24 (1957) S. 372.
93) UFITA Bd. 24 (1957) S. 380.
94) UFITA Bd. 32 (1960) S. 320.
95) UFITA Bd. 32 (1960) S. 71.
96) Über die Arbeiten zur Schaffung eines internationalen Leistungsschutz-Abkommens vgl. Ulmer, Urheber- und Verlagsrecht, 2. Aufl., 1960, S. 432; ders. Rechtsschutz der ausübenden Künstler, der Hersteller von Tonträgern und der Sendegesellschaften in internationaler und rechtsvergleichender Sicht, 1957; ders. Vorbemerkung zum Haager Entwurf in GRUR Ausl. und Intern. Tl. 1960, 605 ff; Peter, Die Entwürfe eines internationalen Abkommens über den Leistungsschutz der ausübenden Künstler, der Hersteller von Schallträgern und der Sendegesellschaften, Heft 8 der Schriftenreihe der UFITA, 1958; ders. Der Haager Entwurf (1960) eines internationalen Abkommens zum Schutze der ausübenden Künstler, der Hersteller von Tonträgern und der Sendegesellschaften, Heft 19 der Schriftenreihe der UFITA, 1960; ders. in GRUR Ausl. und Intern. Tl. 1960, 176 ff.

Die deutschen und die internationalen Reformabsichten zielen einheitlich auf die Schaffung eines Rechtsschutzes außerhalb des Urheberrechts ab (droits voisins). Über Voraussetzungen und Umfang des Schutzes bestanden stark unterschiedliche Meinungen. Der Ministerialentwurf von 1959 und der Haager Entwurf aber vermitteln national und international den letzten Sachstand. Danach ergibt sich im Prinzip Einverständnis darüber, daß nur bestimmte Leistungen und nur bestimmte Verwertungsvorgänge (mit und ohne Tonträger) dem Leistungsschutz ausübender Künstler unterstellt werden, und daß Beschränkungen auf einen bloßen Vergütungsanspruch zugelassen sind [97]). Mit der Absage an einen urheberrechtlichen Schutz der Leistung verbindet sich so die Absage an einen generellen Leistungsschutz und an das Prinzip der Ausschließlichkeit der Rechte.

In diese Situation fallen die Entscheidungen des Bundesgerichtshofs zum künstlerischen Leistungsschutz. Sie ergingen in einem Stadium national und international nahezu abgeschlossener Reformarbeiten. Mit ihnen bejahte der Bundesgerichtshof, auch bei Gemeinschaftsleistungen, für jeden einzelnen der ausübenden Künstler Ausschließlichkeitsansprüche aus dem Urheber- und Persönlichkeitsrecht.

2 Die Einstellung des Bundesgerichtshofs

a) Der Bundesgerichtshof erklärt zur Frage, ob bei öffentlichen Aufführungen anstelle eines Ausschließlichkeitsrechtes ein bloßer Vergütungsanspruch für ausübende Künstler ausreiche, daß diese Frage der Urheberrechtsreform vorbehalten bleiben müsse [98]). Wenn

---

[97]) 1) Begrenzung auf die Wiedergabe von „Werken“, so im MinEntw. 1959 §§ 81 ff. und im Haager Entw. 1960, jedoch läßt der Haager Entw. zu, daß die nationale Gesetzgebung den Schutz auf Künstler ausdehnt, „die nicht Werke der Literatur oder der Kunst darbieten“ (Art. 5, 7). — 2) Begrenzung der Wiedergabeleistung auf „Vorträge“ und „Aufführungen“, so im MinEntw. 1959 §§ 81, 82, 83, 84 und im Haager Entw. 1960 Art. 5, 7. — 3) Schutz der unmittelbaren Leistung: gegen Erstfestlegung und deren Vervielfältigung, so im MinEntw. 1959 § 82 und im Haager Entw. 1960 Art. 5; gegen Funksendung, so im MinEntw. 1959 § 83 und im Haager Entw. 1960 Art. 5; gegen Lautsprecherwiedergabe außerhalb des Veranstaltungsraums, so im MinEntw. 1959 § 81 und im Haager Entw. 1960 Art. 5. — 4) Schutz von Zweitnutzungen mittels Tonträgers: gegen Funksendung, so im MinEntw. 1959 § 83 Abs. 2, dagegen nach dem Haager Entw. 1960 nur gemäß innerstaatlicher Regelung (Art. 5, Art. 11, Art. 15); gegen öffentliche Wiedergabe, so bei Vorträgen und Aufführungen mit Tonträgern im MinEntw. 1959 § 84, dagegen nach dem Haager Entw. 1960 nur gemäß innerstaatlicher Regelung (Art. 11, Art. 15). — 5) Beschränkungen auf den Vergütungsanspruch: so im MinEntw. 1959 §§ 83 Abs. 2 (Funksendung mit Tonträger), 84 (öffentliche Wiedergabe von Vorträgen und Aufführungen mit Tonträger), dagegen nach dem Haager Entw. 1960 nur gemäß innerstaatlicher Regelung für die öffentliche Wiedergabe entweder von Tonträgern oder von Sendungen mit Tonträgern (Art. 11, Art. 15).

[98]) Siehe I ZR 53/58 in UFITA Bd. 32 (1960) S. 213 und S. 215/216.

das Gesetz, wie bei § 2 Abs. 2 LitUG, urheberrechtlich ausgestaltete Ausschließlichkeitsrechte vorsehe, sei der Richter hieran gebunden [99]). Auch sonst nimmt der Bundesgerichtshof mehrfach Gelegenheit, Reformaufgaben des Gesetzgebers vom Zuständigkeitsbereich des Richters abzutrennen. Er läßt in seinen Entscheidungen gesetzliche Reformlösungen, auch wenn er sie erwähnt, bewußt „unerörtert“ oder „dahingestellt“, so bei der Beurteilung des Begriffs des Leistungsschutzrechtes [100]), bei der Behandlung von Gruppenleistungen wie Orchester- und Chordarbietungen [101]) und bei der Frage der Gewährung eines originären Aufführungsrechts für den Schallplattenhersteller [102]). Bei Gruppenleistungen stellt der Bundesgerichtshof nur noch zustimmend fest, daß die im Referenten- und Ministerialentwurf national und in vorausgegangenen Abkommensentwürfen international offenbar gewordenen Bestrebungen „im Einklang mit allgemeinen Rechtsgrundsätzen“ stehen [103]).

b) Diesen Bekenntnissen richterlicher Selbstbeschränkung steht zunächst die Tatsache gegenüber, daß Gesetzesvorschriften, wie allein schon in gleicher Sache abweichende Auffassungen und Entscheidungen gerichtlicher Vorinstanzen dokumentieren, verschiedene Möglichkeiten einer Auslegung zulassen, zumindest nicht ausschließen.

Sodann ist der Bundesgerichtshof der Meinung, die Gesetzesvorschrift des § 2 Abs. 2 LitUG sei nach Wortlaut und Stellung im System des Gesetzes „eindeutig“ [104]). Auslegungsbedürftig sei die Vorschrift lediglich bei Fragen des Aufführungsrechts (§ 22a LitUG), und zwar aus Gründen der technischen Neuerungen, die, wie das elektro-akustische Prinzip des gegenwärtig üblichen Tonaufnahme- und Tonwiedergabeverfahrens, seinerzeit vom Gesetzgeber, weil noch unbekannt, nicht berücksichtigt worden seien. Nur in bezug darauf stelle sich die Frage, ob die Gesetzesvorschrift des § 2 Abs. 2 LitUG eng auszulegen sei [105]).

Doch selbst bei einer derart reduzierten Fragestellung verbleibt dem Richter noch immer ein genügender Spielraum zur Auslegung der Entscheidung. Da der Bundesgerichtshof schon „nach Sinn und Zweck“ des § 2 Abs. 2 LitUG eine einschränkende Auslegung dieser Vorschrift als Ganzes abgelehnt, wird das Ergebnis einer Gleichstellung mit den Werkbearbeitern über das Auf-

---

[99]) I ZR 53/58 in UFITA Bd. 32 (1960) S. 216.
[100]) I ZR 64/58 in UFITA Bd. 32 (1960) S. 224.
[101]) I ZR 64/58 in UFITA Bd. 32 (1960) S. 231.
[102]) I ZR 53/58 in UFITA Bd. 32 (1960) S. 211.
[103]) I ZR 64/58 in UFITA Bd. 32 (1960) S. 231.
[104]) I ZR 53/58 in UFITA Bd. 32 (1960) S. 205 ff.
[105]) aaO. S. 207 ff.

führungsrecht im Rahmen der reduzierten Fragestellung nur noch bestätigt und erhärtet [106]).

c) Schon durch die Fragestellung charakterisieren sich die Grundsatzentscheidungen des Bundesgerichtshofs zum künstlerischen Leistungsschutz als Bekundungen einer rechtschöpferischen Judikatur. Dies kann bei der Anwendung überalterter Gesetze ein begrüßenswerter Vorzug sein. Im vorliegenden Falle jedoch werden durch sie gesetzgeberische und internationale Reformmaßnahmen vorweggenommen und in einem ganz bestimmten Sinne präjudiziert.

Der Gesetzgeber sieht sich vor die Tatsache gestellt, daß die ausübenden Künstler vollwertige Träger von Urheberrechten sind, daß der Leistungsschutz für jeden einzelnen von ihnen bereits aus dem allgemeinen Persönlichkeitsrecht resultiert, und daß jeder leistungsschutzrechtliche Anspruch mit Verbotscharakter ausgestattet ist. Der Gesetzgeber, der nach den vorliegenden Entwürfen den Leistungsschutz weder aus dem Urheberrecht noch aus dem Persönlichkeitsrecht konstruiert wissen will, sondern beabsichtigt, ihn seinem wettbewerbsrechtlichen Wesen entsprechend, als „droits voisins" zu regeln und dafür den Verbotsanspruch nur beschränkt zuzulassen, ist durch die Entscheidungen des Bundesgerichtshofs sowohl verfassungsrechtlich als auch materiellrechtlich vor die Frage gestellt, ob er bereits gegebene Rechte im Wege der Rechtsreform den ausübenden Künstlern entziehen, und sie fortan, außerhalb des Urheberrechts, noch als Rechte eines minderen Schutzes regeln kann oder, wenn er es kann, ob er dazu noch willens ist.

d) Für das internationale Recht ergibt sich als Folge der Entscheidungen des Bundesgerichtshofs eine gegenüber bisher grundlegend veränderte Situation. Wenn ausübenden Künstlern rechtlich die Stellung echter Bearbeiterurheber zukommt, unterfallen ihre Leistungen als Formen einer Bearbeitung dem urheberrechtlichen Zuständigkeitsbereich der Berner Übereinkunft (Art. 2. Abs. 2 RBÜ). Nach dem Inländerprinzip (Art. 4 RBÜ) kann jeder ausübende Künstler eines anderen Verbandslandes an seinen Leistungen ex jure conventionis für das Gebiet der Bundesrepublik die gleichen Rechte geltend machen wie der inländische Künstler selbst [106a]). Wird aber erst einmal die Berner Übereinkunft als internationale Rechtsgrundlage betreten, so fragt es sich, warum dann ein neues

[106]) Der Bundesgerichtshof nimmt insoweit einen gewaltigen Anlauf zur Auslegung des § 2 Abs. 2 LitUG (aaO. S. 207), um schließlich in Übereinstimmung mit der Vorinstanz festzustellen, daß die durch § 22a getroffene Regelung „allein" es nicht rechtfertige, § 2 Abs. 2 LitUG im Wege restriktiver Gesetzesauslegung einzuschränken (aaO. S. 208).

[106a]) Vgl. in dieser Richtung auch Peter, GRUR Ausl. und Intern. Tl. 1960, 185 mit seinen Betrachtungen allein schon auf Grund der Trollerschen These von der Miturheberschaft des schöpferischen Interpreten.

Rechtsinstrument in Gestalt eines internationalen Leistungsschutzabkommens mit Geltung für ausübende Künstler erst geschaffen werden soll. Sollte es gleichwohl geschaffen werden, so würden die zwei Konventionsinstrumente zwangsläufig miteinander in Widerstreit geraten, wobei dahingestellt bleiben mag, wie lange dieser Widerstreit währt, und ob es gelingen wird, die ausübenden Künstler national und international einheitlich auf bloßen Leistungsschutz zu stellen. Solange aber der Widerstreit währt, hat jeder einzelne der ausübenden Künstler jedes anderen Verbandslandes der Berner Übereinkunft die Möglichkeit, im Bereiche der Bundesrepublik für sich den besseren, nämlich den urheberrechtlichen Schutz in Anspruch zu nehmen, während ausübende Künstler der Bundesrepublik auf den schlechteren Rechtsschutz, nämlich, sofern er anderwärts überhaupt vorhanden ist, auf bloßen Leistungsschutz angewiesen wären.

3. Die Interpretationsmethode

a) Der Bundesgerichtshof wählt für die Beurteilung der Rechtslage als Ansatzpunkte einer Interpretation: 1. den Begriff der „fiktiven" Bearbeiterurheberrechts; 2. den Begriff der „Vorrichtung" im Sinne des § 2 Abs. 2 LitUG; 3. den Begriff des „persönlichen" Vortrages im Sinne des § 2 Abs. 2 LitUG; 4. die Abstellung auf allgemeinrechtliche Generalklauseln (§ 823 Abs. 1 BGB für das allgemeine Persönlichkeitsrecht; §§ 1 UnlWG, 826 BGB für die Sittenwidrigkeit). Auch dort, wo der Bundesgerichtshof vermeint, er wende Recht nur an, erweist sich die „Anwendung" noch immer als Ergebnis einer Interpretation. Zum Teil sind es Prämissen, zum Teil Schlüsse der Auslegung.

Durch die gewählte Behandlung des „fiktiven" Bearbeiterurheberrechts erreicht der Bundesgerichtshof die volle Gleichstellung eines stofflichen Erzeugnisses (Schallplatte) mit den Werkformen der urheberrechtlichen Bearbeitung; der ausübende Künstler rückt in die Rechtsstellung des echten Bearbeiterurhebers. Durch die gewählte Interpretation des Rechtsbegriffs der „Vorrichtung" (Schallplatte oder sonstigen Tonträgers) wird das Schutzobjekt umgedeutet; die Schallvorrichtung wird zum „Träger" der Wiedergabeleistung. Durch die gewählte Interpretation des Rechtsbegriffs des „persönlichen" Vortrags wird der Leistungsschutz urheberrechtlich nivelliert; jede auf Tonträger übertragene Wiedergabe des „Vortrags" eines Werkes genießt, sofern nur die Wiedergabeleistung in Person, also unmittelbar erbracht wird, urheberrechtlichen Leistungsschutz. Durch die gewählte Interpretation von Vorschriften des allgemeinen Rechts wird außerhalb des Urheberrechts ein genereller Leistungsschutz mit Nutzungs- und Verbotsanspruch begründet.

b) Der Bundesgerichtshof erklärt, daß sich die Frage nach Art und Umfang eines Schutzes der künstlerischen Leistung erst durch die von der neuzeitlichen Technik erschlossenen Möglichkeiten einer von der Person des Künstlers abgelösten, der Kontrolle durch ihn entzogenen und seinem eigenen Willen möglicherweise sogar widerstrebenden Auswertung der Wiedergabeleistung „ernsthaft“ gestellt habe [107]). Darin wird dem Bundesgerichtshof beizupflichten sein. Auch beim Urheber hat die neuzeitliche Technik für die Verwertung seiner Werke vielfältige Rechtsprobleme aufgeworfen.

Dabei zeigt sich aber ein bestimmender Unterschied: Das Recht des Urhebers ist als solches durch Gesetz geregelt; zweifelhaft kann nach den geltenden Urheberrechtsgesetzen (LitUG, KSchG) nur sein, ob auf der vom System der gesetzlichen Einzelbefugnisse (Enumerationsprinzip) beherrschten Regelungsgrundlage neu hervortretende Formen einer Werknutzung den Rechten des Urhebers zuwachsen oder außerhalb der ihm vom Gesetz eingeräumten Rechte verbleiben. Für die ausübenden Künstler dagegen wurde bisher weder ein Spezialgesetz noch eine gesetzliche Einzelnorm geschaffen.

Aus dem Fehlen einer gesetzlichen Sonderregelung folgert der Bundesgerichtshof, daß es, „solange“ eine solche Sonderregelung nicht Gesetz geworden ist, der Prüfung bedarf, „ob und inwieweit die als Leistungsschutzrechte geltend gemachten Ansprüche nach der gegenwärtigen Gesetzeslage begründet sind“ [108]). Der Bundesgerichtshof zieht jedoch nicht in Betracht, daß, sollte für ausübende Künstler ein Schutzbedürfnis als Folge neuer technischer Erscheinungsformen festzustellen sein, jede auf einen solchen Schutz positivrechtlich ausgerichtete Entscheidung der Rechtsprechung bereits eine Maßnahme der Rechtsfortbildung ist.

c) Der Bundesgerichtshof ist sich darüber im klaren, daß der Rechtsschutz für ausübende Künstler „in Wahrheit“ ein Leistungsschutz ist [109]). Als Hindernis für eine artgerechte Entscheidung aber türmt sich nach geltendem Recht vor dem Richter der § 2 Abs. 2 LitUG auf. Artwidrig wäre die Entscheidung indessen nur, wenn sie

---

[107]) I ZR 64/58 in UFITA Bd. 32 (1960) S. 228.

[108]) I ZR 64/58 in UFITA Bd. 32 (1960) S. 224.

[109]) I ZR 53/58 in UFITA Bd. 32 (1960) S. 214: „. . . . , daß es sich hier in Wahrheit nicht um einen Geistesschöpfungsschutz, sondern um einen Leistungsschutz handelt“; aaO. S. 210: „. . . ., daß die Tätigkeiten, die die fraglichen Ausschließlichkeitsrechte auslösen — die schöpferische Arbeit des Werkschaffenden und die Wiedergabeleistung des ausübenden Künstlers —, ihrer Natur nach unterschiedlich sind“; I ZR 71/58 in UFITA Bd. 32 (1960) S. 238: „. . . , daß es insoweit in Wahrheit um ein Anliegen des gewerblichen Rechtsschutzes oder des unerlaubten Wettbewerbs ging.“

im Sinne der Bejahung vollurheberrechtlicher Ansprüche erginge. Verneint der Richter Ansprüche nach § 2 Abs. 2 LitUG, so entfällt mit der abweisenden auch die artwidrige Entscheidung; ein trotzdem verbleibendes Schutzbedürfnis zu regeln, wäre Aufgabe des Gesetzgebers. Eine abweisende Entscheidung der Rechtsprechung könnte zwar schutzwidrig, niemals aber artwidrig sein. Es läge eine Lücke im Gesetze vor, die von der Rechtsprechung festgestellt, nicht aber, auch nicht im Wege der Analogie, geschlossen werden könnte.

Da durch § 2 Abs. 2 LitUG das Schutzproblem einen positivrechtlichen Ansatzpunkt im Urheberrecht gefunden hat, stand die Rechtsprechung vor der Wahl, entweder den Verbindungsfaden zum Recht des Urhebers (negativ) zu durchschneiden oder ihn aber (positiv) weiterzuspinnen. Der Bundesgerichtshof hat sich für die urheberrechtliche und damit für eine artwidrige Behandlung der Schutzansprüche ausübender Künstler entschieden.

d) Der Bundesgerichtshof bezeichnet den § 2 Abs. 2 LitUG als „die einzige Leistungsschutzrechtsbestimmung im geltenden Recht" [110]). Er verharrt aber nicht innerhalb dieser Bestimmung und auch nicht innerhalb des Urheberrechts selbst. Er verläßt die Grundlagen des Urheberrechts und interpretiert aus Generalklauseln des allgemeinen Rechts den Leistungsschutz für ausübende Künstler als ein Recht der menschlichen Persönlichkeit. Da ein ausübender Künstler in seiner physischen Existenz immer „Mensch" und in seinem geistigsittlichem Gehalt „Persönlichkeit" ist, verbindet sich mit der Person eines jeden Menschen der sowohl verfassungs- als auch straf- und zivilrechtlich begründete Persönlichkeitsschutz. Es ist daher nur eine notwendige Konsequenz des vom Bundesgerichtshof bezogenen Rechtsstandpunkts, daß er mit seinen Entscheidungen über den Personenkreis der ausübenden Künstler hinaus den Personenkreis leistungserbringender Menschen schlechthin anspricht und, wie er selbst sagt, „beispielsweise" außer Artisten auch Sportler mit in den Problemkreis des Leistungsschutzes einbezieht [111]). Der Bundesgerichtshof ist im Sinne seiner Gedankengänge nur insoweit nicht konsequent, als er „beispielsweise" den Toningenieur vom Lei-

---

[110]) So I ZR 64/58 in UFITA Bd. 32 (1960) S. 228.

[111]) I ZR 64/58 in UFITA Bd. 32 (1960) S. 229: „Das gleiche Problem stellt sich bei allen (gesperrt vom Verf.) stofflich nicht gebundenen, ihrer Natur nach vergänglichen Darbietungen, bei denen eine Nachfrage nach ihrer Wiederholung besteht, wie beispielsweise bei Darbietungen von Artisten und Sportlern." Das Kammergericht hatte noch einen Leistungsschutz für Boxer verneint (UFITA Bd. 20 [1955] S. 199 ff.). Vgl. auch Hirsch, aaO. S. 14/15, der unter Hinweis auf die Gefahr einer „uferlosen Ausweitung" des Begriffs eines allgemeinen Persönlichkeitsrechts ausführt: wer die diesbezüglichen Teile der Begründung der vier Urteile liest, werde mit Schrecken zugeben müssen, daß diese Gefahr vom 1. Zivilsenat des BGH nicht etwa eingedämmt, sondern erheblich erhöht worden sei.

stungsschutz ausschließt [112]). Der Toningenieur ist ebenfalls Träger eines Persönlichkeitsrechts und erbringt Leistungen, die dem Paukenschlag eines Orchestermitglieds nach Gehalt und Bedeutung in der Regel weit überlegen sind; dies zeigt sich besonders deutlich bei Werken und Wiedergabeleistungen der elektronischen Musik [113]).

e) Sofern der Bundesgerichtshof auf den von ihm selbst als die einzige Vorschrift des Leistungsschutzes bezeichneten § 2 Abs. 2 LitUG zurückgreift, gewährt er dem ausübenden Künstler den urheberrechtlichen Vollschutz eines Bearbeiters, ohne jedoch von ihm zu verlangen, daß er eine individuell geprägte Leistung erbringt, wie der Dirigent, der Orchestervorstand und die Solisten im Unterschied zu den Mitgliedern von Orchester und Chor. Der ausübende Künstler genießt danach den urheberrechtlichen Vollschutz des Werkbearbeiters, ohne in seiner Person die urheberrechtlichen Schutzvoraussetzungen auch nur „fiktiv" zu erfüllen.

In dieser Art der Interpretation trifft sich die urheberrechtliche Konsequenz mit der persönlichkeitsrechtlichen Argumentation des Bundesgerichtshofs. Selbst der Sportler, der nichts anderes tut, als daß er seine körperlichen Extremitäten mit einigem Geschick bewegt, daß er läuft, springt, stößt oder boxt, ist in Konsequenz der Entscheidungen des Bundesgerichtshofs ein Leistungsschutzberechtigter; er bezieht diesen Schutz nur nicht aus dem Urheberrecht (§ 2 Abs. 2 LitUG), sondern aus dem allgemeinen Persönlichkeitsrecht (§ 823 Abs. 1 BGB). Der Sportler genießt als persönlichkeitsberechtigter Leistungsschutzträger einen umfassenderen Schutz als ihn der „lediglich" urheberberechtigte Leistungsschutzträger aus dem Urheberrecht bezieht, und einen umfassenderen Schutz als der Werkurheber selbst, der sich für den Schutz seiner Werke „lediglich" und ausschließlich auf das Urheberrecht berufen kann und dessen Schutzbeschränkungen unterworfen ist. Der persönlichkeitsberechtigte Leistungsschutzträger, wie „beispielsweise" der Sportler, genießt für die von ihm erbrachte Leistung einen Schutz, der sich allein nach den Begriffsmerkmalen des Persönlichkeitsrechts bestimmt, und von dem noch nicht einmal feststeht, ob und wann er überhaupt endet (Gedanke des „ewigen" Persönlichkeitsrechts).

4. Die Interpretation der leistungsschutzrechtlichen Fiktionsregelung im Urheberrecht

a) Der Bundesgerichtshof spricht bei der Fiktionsregelung des § 2 Abs. 2 LitUG von einer „vom Gesetzgeber gewollten Gleichstellung verschiedenartiger Tatbestände hinsichtlich der sich an sie

[112]) I ZR 53/58 in UFITA Bd. 32 (1960) S. 215.

[113]) Dazu Günther Gentz in UFITA Bd. 34 (1961) S. 9 ff. [14 ff.].

knüpfenden Rechtsfolgen" [114]). Gerade aber diese Prämisse bedarf der Überprüfung. Die Frage, ob die Vorschrift eng oder weit auszulegen ist, stellt sich bei § 2 Abs. 2 LitUG nicht nur, wie der Bundesgerichtshof vermeint, in bezug auf § 22a LitUG für das Aufführungsrecht am Tonträger [115]), sondern für die ganze Rechtsfigur.

Der Bundesgerichtshof kann für seine Prämissenbeurteilung auf einen Satz in der Begründung der Gesetzesnovelle verweisen. Dort heißt es: Inhalt und Umfang der durch § 2 Abs. 2 LitUG begründeten urheberrechtlichen Befugnisse sowie die Dauer des Schutzes und die Folgen einer Verletzung ergäben sich ohne weiteres daraus, „daß der Vortragende in Ansehung der den Vortrag fixierenden Vorrichtung in der gleichen Weise geschützt wird wie der Bearbeiter eines Werkes in Ansehung seiner Bearbeitung"; die Begründung führt dafür, in einem Klammerzusatz, den Absatz 1 des § 2 Satz 2 LitUG an. Es scheint aber, daß diese Stelle der amtlichen Begründung [116]) nicht isoliert betrachtet werden darf.

Der Gesetzgeber sah sich im Zeitpunkt des Erlasses der Novellenregelung, wie in der amtlichen Begründung ebenfalls ausgeführt ist, dem „lebhaften Wunsche" der Industrie gegenüber, einen Schutz für die von ihr hergestellten Erzeugnisse (Walzen, Bänder, Platten usw.) „gegen unbefugte Nachbildung" zu erhalten. Die Begründung erklärt, die neu eingefügten Vorschriften des Absatzes 2 wollten „diesem" Wunsche entgegenkommen. Auch anschließend ist davon die Rede, daß der Industrie ein Schutz „gegen unberechtigte Nachbildung" ihrer oft mit großen Kosten erworbenen Vorrichtungen zu bewilligen sei, und daß sich „ein solcher Schutz" durch die Gesetzesvorschrift ohne Zwang im Rahmen des Urheberrechts verwirklichen lasse. Erst dann folgt in der Begründung jene Stelle, die der Prämissenbeurteilung des Bundesgerichtshofs rechtzugeben scheint.

Dem Bundesgerichtshof ist darin beizupflichten, daß unter der von ihm gewählten Prämisse der ausübende Künstler für die Anwendung des § 22a LitUG (Aufführungsfreiheit) nicht anders behandelt werden kann, als der Urheber selbst [117]). Die Wurzel der rechtlichen Problematik liegt aber nicht in der Schlußfolgerung, sondern in der Prämisse. Die Frage, ob § 2 Abs. 2 LitUG als Ganzes eng oder weit auszulegen ist, läßt sich nicht schon aus dem Wort-

---

114) I ZR 53/58 in UFITA Bd. 32 (1960) S. 211. Siehe auch I ZR 71/58 in UFITA Bd. 32 (1960) S. 240.
115) Vgl. oben Abschnitt IV Ziff. 2 unter b).
116) Im Zusammenhang zitiert bei I ZR 71/58 in UFITA Bd. 32 (1960) S. 239.
117) Siehe I ZR 53/58 in UFITA Bd. 32 (1960) S. 211 und I ZR 87/58 in UFITA Bd. 32 (1960) S. 246.

laut dieser Vorschrift und ihrer Stellung im Gesetz [118]) beantworten. Dazu bedarf es vielmehr auch der Berücksichtigung des unterschiedlichen Rechtscharakters.

b) Der Gesetzgeber hat mit der Novelle von 1910 in § 2 Abs. 2 Satz 1 LitUG folgendes bestimmt:

> „Wird ein Werk der Literatur oder der Tonkunst durch einen persönlichen Vortrag auf Vorrichtungen für Instrumente übertragen, die der mechanischen Wiedergabe für das Gehör dienen, so steht die auf diese Weise hergestellte Vorrichtung einer Bearbeitung des Werkes gleich."

In Satz 3 des gleichen Absatzes heißt es, daß in diesem Falle der Vortragende als Bearbeiter gilt. Danach ist die Schallvorrichtung nicht schon die „Bearbeitung" eines Werkes; sie steht, wie es im Gesetze heißt, nur einer Bearbeitung des Werkes gleich. Der Vortragende ist weder ein Urheber noch ein Bearbeiter, er gilt nur als Bearbeiter. In dieser Weise ist die Vorschrift des § 2 Abs. 2 LitUG schon sprachlich als eine Fiktionsregelung gekennzeichnet.

Auch der Zweck der Regelung ist eindeutig bestimmt. Der Gesetzgeber wollte durch sie die Industrie schützen. Der „Vortragende" war nur als Durchlaufperson gedacht. Der Gesetzgeber ging davon aus, daß die mitwirkenden Künstler die in ihrer Person auf Grund der Fiktionsregelung entstehenden Rechte „regelmäßig" auf den Hersteller übertragen werden (so ausdrücklich in der Gesetzesbegründung, aaO.). An eine Verselbständigung dieser Rechte und an eine getrennte Vergebung durch ausübende Künstler, insbesondere die Einbringung solcher Rechte in Verwertungsgesellschaften [119]), hat der Gesetzgeber im Zeitpunkt der Novellenregelung von 1910 sicherlich nicht gedacht, und wenn er daran gedacht hätte, sie doch kaum beabsichtigt. Tatsache der damals schon arbeitenden Verwertungsgesellschaft für musikalische Aufführungsrechte („Afma" der GDT) hätte dem Gesetzgeber den Gedanken nahelegen können, eine solche Handhabung auch für Rechte ausübender Künstler in Er-

---

[118]) Siehe I ZR 53/58 in UFITA Bd. 32 (1960) S. 205 f.; aaO. S. 207 ist die Rede von „einem sprachlich eindeutigen Gesetzeswortlaut", S. 213 von dem „eindeutigen Wortlaut des § 2 Abs. 2 LitUG".

[119]) Auch wenn die ausübenden Künstler ihre Rechte am Tonträger weiter auf die Hersteller übertragen und nicht die Künstler selbst, sondern die Hersteller die Rechte, wie bei der jetzigen Verwertungsgesellschaft für Leistungsschutzrechte m. b. H. (GVL), in eine paritätische Verwertungsgesellschaft einbringen, ändert dies nichts an der Tatsache der Verselbständigung dieser Rechte und an der Möglichkeit einer getrennten Vergebung. Die Übertragung von Rechten auf eine „einheitliche" Verwertungsgesellschaft (so der Bundesgerichtshof in I ZR 53/58 = UFITA, aaO. S. 210) ist ein Organisationsvorgang, durch den der Geschäftsverkehr in der Vergebung der Rechte erleichtert wird, nicht aber ein Prinzip der Auslegung einer Gesetzesbestimmung, die von dem Gedanken eines geschlossenen Rechtsübergangs auf den Hersteller zur Herbeiführung des Schutzes seiner Erzeugnisse gegen unbefugte Nachbildung bestimmt war.

wägung zu ziehen. Dies aber hat der Gesetzgeber nicht getan. Daraus kann nur gefolgert werden, daß er mit der Fiktionsregelung des § 2 Abs. 2 weder eine Verselbständigung der Rechte in der Person ausübender Künstler noch einen eigenen Schutz ihrer Leistungen bezweckt hat.

Der Schutzzweck war, wie auch der Bundesgerichtshof anerkennt [120]), wettbewerbsrechtlicher Art. An eine Abstellung auf das Persönlichkeitsrecht hatte der Gesetzgeber nicht gedacht. Auch wenn damals ein allgemeines Persönlichkeitsrecht noch nicht anerkannt war, hätte der Gesetzgeber doch auf Möglichkeiten des droit moral (Urheberpersönlichkeitsrecht) zur Rechtfertigung eines im Urheberrechtsgesetz gewährten Rechtsschutzes abstellen können, hätte er beabsichtigt, die ausübenden Künstler selbständig zu schützen. Im wettbewerbsrechtlichen Sinne hatte kurz vor dem Erlaß der Novellenregelung auch das Reichsgericht entschieden [121]). Es ging durchweg nur um wettbewerbsrechtlichen Schutz und um den Schutz der Hersteller.

Der Schutz wurde gegeben gegen „Nachbildung" der Schallplatten und demgemäß gegen deren unbefugte Vervielfältigung und Verbreitung. Von der „öffentlichen Aufführung" und dafür gegebenen Schutzbehelfen war nirgendwo die Rede [122]). Erstmals schloß das Reichsgericht, jedoch — was in diesem Zusammenhang besonders zu beachten ist — mit Hilfe des V e r b r e i t u n g sbegriffs, also einer den Schallplattenherstellern ohnedies unbestritten zustehenden Befugnis, aus § 2 Abs. 2 LitUG auf ein Senderecht an Musikschallplatten und sprach dieses Recht den Schallplattenherstellern als den Rechtsnachfolgern der mitwirkenden Künstler zu [123]). Dabei ging auch das Reichsgericht von der durch die Praxis gerechtfertigten Annahme aus, daß die ausübenden Künstler regelmäßig alle Rechte an der Schallplatte auf den Hersteller übertragen [124]).

Selbst wenn jetzt mit dem Bundesgerichtshof aus § 2 Abs. 2 LitUG auf das Bestehen eines selbständigen Leistungsschutzes zugunsten ausübender Künstler zu schließen wäre, steht doch fest, was auch der Bundesgerichtshof einräumt, daß der Rechtsschutz der

---

[120]) Siehe I ZR 71/58 in UFITA Bd. 32 (1960) S. 238 und im übrigen die obige Anm. 109.

[121]) RGZ 73, 294.

[122]) Der Bundesgerichtshof selbst gibt den Unterschied zu. Es gehe nicht um eine „Nachahmung" der Leistungen der Orchestermitglieder, sondern um deren unmittelbare Ausnutzung in unveränderter Form (I ZR 64/58 in UFITA Bd. 32 [1960] S. 229); die Leistungen der ausübenden Künstler würden nicht etwa „nachgebildet", sondern unmittelbar „angefaßt" und unverändert als Vorspann zur Steigerung der eigenen Erwerbschancen verwendet werden (I ZR 87/58 in UFITA Bd. 32 [1960] S. 250).

[123]) RGZ 153, 1.

[124]) RGZ 153, 9.

ausübenden Künstler seinem Wesen nach („in Wahrheit") ein Leistungsschutz ist. Unter Berücksichtigung dieser Überlegungen gewinnt die Fiktionsvorschrift des § 2 Abs. 2 LitUG die Bedeutung einer ihrem Wesen nach leistungsschutzrechtlichen Regelung in der Form urheberrechtlicher Ansprüche. Inhaltlich gehören solche Ansprüche nicht dem Urheberrecht zu.

Der Gesetzgeber hat in § 2 LitUG auch den Rechtsschutz des urheberrechtlichen Bearbeiters geregelt. In Absatz 1 des § 2 heißt es, daß bei einer Übersetzung der Übersetzer, bei einer sonstigen Bearbeitung der Bearbeiter als Urheber gilt. Hier wird ebenfalls mit dem Mittel einer gesetzlichen Fiktion gearbeitet: der Bearbeiter ist nicht der Urheber eines Werkes, er gilt nur als Urheber der Bearbeitung. In den Bereich dieser Fiktion gehören Fälle, in denen der Bearbeiter, wenn auch in Abhängigkeit vom Originalwerk, immer doch eine urheberrechtlich bedeutsame Werkschöpfung (echte Bearbeitung und echter Bearbeiter) erbringt. Erfüllt die „Bearbeitung" nicht die urheberrechtliche Schutzvoraussetzung, eine eigentümliche Schöpfung, also Ausdruck einer individuellen Gestaltung zu sein, so entfällt auch die Möglichkeit einer Anwendung des Absatzes 1 § 2.

Demzufolge ergeben sich innerhalb der Gesetzesregelung des § 2 LitUG zwei verschiedene Arten von Fiktionslösungen. Durch Absatz 2 werden in urheberrechtlicher Form Ansprüche geregelt, die ihrem Wesen nach nicht dem Urheberrecht zugehören; in Absatz 1 werden nach Form und Inhalt nur urheberrechtliche Ansprüche geregelt. Damit stellt sich die Frage, ob es zulässig ist, nur in der Form der urheberrechtlichen Regelung beiderseitig übereinstimmende Ansprüche einander auch inhaltlich gleichzusetzen, wie dies der Bundesgerichtshof tut.

Ein Recht bezieht seinen Gehalt nicht aus der Form, sondern aus seinem Wesen, und am Wesen bestimmt sich der Inhalt des Rechts. Wird das Recht, weil es mit der Form eines anderen Rechts in der Gesetzesregelung übereinstimmt, mit jenem anderen Recht auch inhaltlich gleichgesetzt, so geht sein Wesensgehalt und damit das Spezifikum dieses Rechts in der bloßen Form unter. Gerade der Bundesgerichtshof legt jedoch Wert auf die Feststellung, daß die Ansprüche ausübender Künstler „in Wahrheit" dem Leistungsschutz zugehören; er spricht damit aus, daß die Leistungsschutzrechte, auch wenn sie in der Form urheberrechtlicher Ansprüche geregelt sind, ihrem Wesen nach kein Urheberrecht sind.

c) Danach kann es überhaupt nur die eine Alternative geben: entweder rechtliche Gleichstellung des ausübenden Künstlers mit dem echten Werkbearbeiter unter Verzicht auf den Wesensunterschied beider Arten von Ansprüchen oder aber Verzicht auf die Gleichstellung unter Aufrechterhaltung des Wesensunterschiedes beider Arten von Ansprüchen. Wenn die Alternative jedoch so gestellt ist, ergibt sich als unausweichliche Konsequenz, daß eine Gesetzesbestimmung, die ein dem Urheberrecht wesensfremdes Recht in urheberrechtlicher Form statuiert, nur eng ausgelegt werden kann und nicht einmal einer analogen Anwendung zugänglich ist.

Der Bundesgerichtshof ist auf diese Problematik, die eine Problematik des rechtlichen Gehalts der gesetzlichen Fiktionslösungen des § 2 Abs. 2 und des § 2 Abs. 1 ist, nicht eingegangen. Er unterstellt, der Gesetzgeber habe schon dadurch, daß er leistungsschutzrechtliche Ansprüche durch Fiktionsvorschriften im Urheberrechtsgesetz geregelt hat, diese Ansprüche den Rechten des urheberrechtlichen Werkbearbeiters inhaltlich gleichgestellt, und er unterstellt weiter, der Gesetzgeber von 1910 habe eine solche Gleichstellung gewollt. Diese Prämisse und die aprioristische Art der rechtlichen Deduktion halten jedoch einer nach Form und Inhalt differenzierten Problematik nicht stand.

5. Die Interpretation des Schutzobjekts „Vorrichtung“

Das Gesetz spricht von „Vorrichtungen für Instrumente, die der mechanischen Wiedergabe für das Gehör dienen“ (§§ 2 Abs. 2, 12 Abs. 2 Ziff. 5, 14 Ziff. 4 LitUG). Dem Begriff der „Vorrichtung“ entspricht die heutige Vorstellung vom „Tonträger“.

Der Gesetzgeber hat durch § 2 Abs. 2 LitUG den Tonträger einer Bearbeitung des Werkes gleichgestellt. Danach stehen sich zwei Schutzobjekte gegenüber: einmal das übertragene Werk und sodann der Tonträger, auf den das Werk übertragen worden ist. Der persönliche Vortrag des ausübenden Künstlers ist lediglich das Mittel der Übertragung.

Der Zusammenhang zwischen Objekt, Mittel und Ergebnis der Übertragung kommt in der Formulierung des § 2 Abs. 2 LitUG wie folgt zum Ausdruck: 1. Übertragung eines „Werkes der Literatur oder der Tonkunst“ (Objekt der Übertragung); 2. Übertragung „durch“ einen persönlichen Vortrag (Mittel der Übertragung); 3. Übertragung „auf“ Wiedergabevorrichtungen (Ergebnis der Übertragung). Geschützt durch § 2 Abs. 2 LitUG ist über die Wiedergabeleistung allein das Ergebnis der Übertragung, mithin der Tonträger oder, in der Sprache des Gesetzes, die „Vorrichtung“ (Schallvorrichtung).

Auch der Bundesgerichtshof geht davon aus, daß die Schallvorrichtung Gegenstand des rechtlichen Schutzes ist. Er erklärt jedoch gleichzeitig, die Schallvorrichtung sei allein als Träger der Wiedergabeleistung des vortragenden Künstlers geschützt [125]). Demgegenüber heißt es in der Begründung der Novelle von 1910, daß der Vortragende „in Ansehung der den Vortrag fixierenden Vorrichtung" in der gleichen Weise geschützt werde wie der Bearbeiter eines Werkes „in Ansehung seiner Bearbeitung" [126]). Wäre nach den Überlegungen des Gesetzgebers nicht das stoffliche Erzeugnis des Übertragungsvorgangs geschützt, so hätte die Begründung formulieren müssen, daß der Vortragende „in Ansehung der auf der Vorrichtung fixierten Leistung" geschützt werde. Die Begründung spricht aber vom Schutz der „Vorrichtung" und präzisiert nur das Schutzobjekt dahin, daß der Vortrag auf der Vorrichtung fixiert ist [127]).

6. Die Interpretation des Leistungsbegriffs „persönlicher Vortrag"

Für den Rechtsschutz des § 2 Abs. 2 LitUG sind zwei Fälle einer Übertragung von Werken der Literatur oder der Tonkunst auf Schallvorrichtungen zu unterscheiden: die Übertragung durch einen „persönlichen Vortrag (Satz 1) und die Übertragung durch Lochen, Stanzen, Anordnung von Stiften oder eine ähnliche Tätigkeit (Satz 2). Im ersteren Falle gilt „der Vortragende", im zweiten Falle derjenige, welcher die Übertragung bewirkt, als „Bearbeiter" (Satz 3), jedoch wird für diesen letzteren Fall vom Gesetz gefordert, daß die Tätigkeit als eine „künstlerische Leistung" anzusehen ist (Satz 2), während das Gesetz beim „persönlichen Vortrag" (Satz 1) darüber nichts aussagt.

Aus der Regelung des Falles 2 leitet der Bundesgerichtshof das Argument her, der „persönliche Vortrag" bilde den Begriffsgegensatz zu der durch technische (unpersönliche) Mittel bewirkten Tonübertragung [128]). Ein „persönlicher Vortrag" im Sinne der Gesetzesbestimmung sei stets gegeben, wenn der Tonträger die unmittelbare

---

125) I ZR 53/58 in UFITA Bd. 32 (1960) S. 206: „Gegenstand dieses Schutzes bildet aber die Schallvorrichtung nicht etwa in ihrer Eigenschaft als stoffliches Erzeugnis, sondern allein als Träger der Wiedergabeleistung des vortragenden Künstlers." Siehe auch I ZR 87/58 in UFITA Bd. 32 (1960) S. 247, wo vom „Leistungsträger" die Rede ist.

126) Zitiert bei I ZR 71/58 in UFITA Bd. 32 (1960) S. 239.

127) Gegen die Identifizierung dieser Begriffe und die dadurch bewirkte „Auswechslung des Schutzgegenstandes" wendet sich Heinrich Hubmann in einer kritischen Betrachtung über „Die Auslegung des § 2 Abs. 2 LitUG durch die Leistungsschutzurteile des Bundesgerichtshofs" in UFITA Bd. 34 (1961) S. 1 ff.

128) Siehe I ZR 71/58 in UFITA Bd. 32 (1960) S. 238.

Wiedergabeleistung eines ausübenden Künstlers festhalte, und es bedürfe des besonderen Nachweises einer „künstlerischen Leistung" nur, wenn die Übertragung allein auf eine technische Tätigkeit zurückgehe [129]).

Einen weiteren Anhaltspunkt für diese Auffassung findet der Bundesgerichtshof in persönlichkeitsrechtlichen Erwägungen. Das Persönlichkeitsrecht schütze jeden ausübenden Künstler unabhängig vom Range seiner künstlerischen Leistung [130]).

Aus diesen speziell- und allgemeinrechtlichen Überlegungen folgert der Bundesgerichtshof, daß die Wiedergabeleistung eines ausübenden Künstlers stets und zwangsläufig eine „individuelle" Leistung sei [131]).

Zunächst fragt sich, ob für das Verständnis der Schutzvorschrift des § 2 Abs. 2 LitUG aus dem Verhältnis des Satzes 1 (unmittelbare Mitwirkung des ausübenden Künstlers) zu Satz 2 (Verwendung lediglich technischer Übertragungsmittel) eine feste Stütze für die Auffassung des Bundesgerichtshofs zu gewinnen ist. Nicht weniger folgerichtig wäre es, aus dem Satz 2 auf das Erfordernis einer individuell geprägten Leistung auch und erst recht für Fälle des Satzes 1 zu schließen. Wenn nämlich der Gesetzgeber schon bei Verwendung lediglich technischer Übertragungsmittel (Lochen, Stanzen, Anordnung von Stiften oder eine ähnliche Tätigkeit) eine „künstlerische Leistung" fordert und diese selbst dort noch für möglich hält, wo nicht der Künstler, sondern der Techniker wirkt, wäre ebensogut der Schluß vertretbar, daß als Schutzvoraussetzung vom ausübenden Künstler die Erbringung einer „künstlerischen" Leistung gefordert wird. Schon die Bezeichnung als „Künstler" legt einen solchen Schluß nahe.

Sodann ist in der Begründung der Gesetzesnovelle von 1910 auf die „individuelle" Leistung des Vortragenden Bezug genommen [131a]). Die dort gewählte Formulierung läßt freilich Zweifel zu. Es ist die Rede von der individuellen Leistung, „die in dem persönlichen Vortrag liegt". Diesem Relativsatz kann eine einschränkende oder eine erläuternde Bedeutung beigemessen werden. Versteht man den Relativsatz konditionell („wenn" eine individuelle Leistung in dem persönlichen Vortrag liegt), so bringt er zum Ausdruck, daß der persönliche Vortrag einen Schutz für die Schallvorrichtung nur dann begründet, wenn der Vortrag das Merkmal einer individuell geprägten

[129]) aaO. S. 239.

[130]) Siehe I ZR 64/58 in UFITA Bd. 32 (1960) S. 225/226 und I ZR 71/58 in UFITA Bd. 32 (1960) S. 240.

[131]) I ZR 71/58 in UFITA Bd. 32 (1960) S. 240.

[131a]) Zitiert bei I ZR 71/58 in UFITA Bd. 32 (1960) S. 239.

Leistung aufweist. Sieht man dagegen in dem Relativsatz eine inhaltlich lediglich klarstellende Beigabe (im persönlichen Vortrag liegt eine individuelle Leistung), so besagt er, daß der persönliche Vortrag stets auch eine individuelle Leistung ist.

Der Bundesgerichtshof überspielt dieses Begriffsproblem durch Zuflucht zum Persönlichkeitsrecht [132]). Daraus ergibt sich, völlig unkompliziert, jedoch grundsätzlich bedenklich, die Gleichsetzung jedes „persönlichen Vortrages" mit einer „individuellen Leistung". Dann freilich ist auch die Unklarheit in der Gesetzesbegründung im Sinne der zweiterwähnten Alternative behoben. Der Bundesgerichtshof stellt fest: „Die Wiedergabeleistung eines ausübenden Künstlers gehört somit seiner in ihrer Eigenart einmaligen Individualsphäre an und ist deshalb stets zwangsläufig eine ‚individuelle' Leistung" [133]).

7. Die Interpretation aus Generalklauseln

Die urheberrechtlichen Ausschließlichkeitsrechte zielen auf Nutzung ab. Der Verbotsanspruch dient bei ihnen regelmäßig der Durchsetzung des Nutzungsanspruches. Ausgenommen sind Fälle des droit moral, die primär den Verbotsanspruch auslösen.

Genau das Umgekehrte ist beim Persönlichkeitsrecht der Fall. Hier wird nicht die Nutzung, sondern das Verbot der Nutzung gefordert. Das Persönlichkeitsrecht gibt, statt Rechte auf Nutzungen, nur Schadensforderungen aus Rechtsverletzungen. Das Persönlichkeitsrecht ist daher seinem Wesen nach nicht geeignet, zur Grundlage von Nutzungsrechten gemacht zu werden [134]). Gleiches gilt für andere Generalklauseln mit primärem Verbotscharakter (§§ 1 UnlWG, 826 BGB).

Der Bundesgerichtshof greift für die von ihm getroffenen Entscheidungen in einem doppelten Sinne auf persönlichkeitsrechtliche Erwägungen zurück: Er leitet aus dem Persönlichkeitsrecht, über

---

132) Hirsch spricht mit Bezug auf die gradlose Identifizierung von „persönlich" und „individuell" von der „Absurdität einer Tautologie", die in Wahrheit nur die Folge einer dem erkennenden Senat sicherlich nicht bewußt gewordenen „Begriffsvertauschung" sei: „Diese auch für die Wiedergabeleistung eines Konservatoriumsschülers oder eines Dilettanten oder eines schreienden Säuglings zutreffende Deduktion verwendet das Wort ‚individuell' im Sinne von ‚persönlich', d. h. eine konkrete Person individualisierend und kennzeichnend, während in der angeführten Stelle der Gesetzesbegründung mit ‚individuell' nach dem Zusammenhang nur die Eigenschaft einer Leistung, ihre sich von anderen Leistungen abhebende Individualität, d. h. Eigenart gemeint sein kann" (Sperrungen sämtlich im Original), Hirsch, aaO. S. 22.

133) I ZR 71/58 in UFITA Bd. 32 (1960) S. 240. Man beachte den Sinngehalt der von Hirsch festgestellten Tautologie und die apodiktischen Feststellungen: „somit" und „deshalb" einerseits, „stets" und „zwangsläufig" andererseits.

134) Hirsch formuliert dies so: das für den Schutz höchstpersönlicher immaterieller Werte bestimmte Recht werde zum Vorwand und Vorspann eindeutig materieller Interessen degradiert (aaO. S. 15).

die Fiktionsregelung des § 2 Abs. 2 LitUG hinaus, einen generellen Leistungsschutz mit der Gewährung positiver Nutzungsrechte für ausübende Künstler her, und er interpretiert die einzige im geltenden Recht vorhandene Gesetzesnorm des Leistungsschutzes mit Hilfe des Persönlichkeitsrechts. In beiderlei Hinsicht erheben sich ernste Bedenken, auf die in den vorausgegangenen Betrachtungen bereits hingewiesen worden ist. Im jetzigen Zusammenhang interessiert nur die Tatsache des Zurückgreifens auf das allgemeine Persönlichkeitsrecht (Generalklauseln) als eines Mittels der Interpretation einer spezialrechtlichen Gesetzesvorschrift.

Ausblick

Mit den vier Grundsatzentscheidungen vom 31. Mai 1960 hat der Bundesgerichtshof, teils aus der gesetzlichen Spezialnorm des § 2 Abs. 2 LitUG, teils aus Generalklauseln, insbesondere dem allgemeinen Persönlichkeitsrecht, für die ausübenden Künstler folgende Rechtsansprüche bejaht:

1. das Recht zur öffentlichen Aufführung von Schallvorrichtungen (Fall BIEM und GEMA gegen Schallplattenhersteller);
2. das Recht zur Erstfixierung live-erbrachter Darbietungen auf Schallvorrichtungen (Fall „Figaros Hochzeit" und Fall „Orchester Graunke");
3. das Recht zur Sendung von Schallvorrichtungen (Fall „Figaros Hochzeit" und Fall „Orchester Graunke");
4. das Recht zur öffentlichen Wiedergabe von Rundfunkmusik mittels Lautsprechers in gewerblichen Betrieben (Fall „Düsseldorfer Gastwirte").

Diese Rechte stehen den ausübenden Künstlern, gleichviel ob sie aus dem Urheberrecht oder dem Persönlichkeitsrecht hergeleitet werden, als Verbots- und Vergütungsanspruch zu (Ausschließlichkeitsrechte).

Demgegenüber beabsichtigt der deutsche Gesetzgeber nach den Vorschlägen des Ministerialentwurfs von 1959 die Gewährung von Verbotsansprüchen außer für Fälle einer Beeinträchtigung geistiger Schutzinteressen (§ 88) lediglich für Fälle einer unbefugten Erstfixierung auf Bild- oder Tonträger sowie deren Vervielfältigung und Verwendung zur Funksendung (§§ 82, 83 Abs. 1, 99). Für Fälle der Zweitnutzung einer erlaubten Erstfixierung werden nur Vergütungsansprüche zuerkannt und auch dies nur mit Geltung für die Funksendung bei Verwendung von Bild- oder Tonträgern und für die öffentliche Wiedergabe (Vortrag oder Aufführung) mittels Tonträger (§§ 83 Abs. 2, 84). Die Schutzdauer dieser Rechte ist auf

25 Jahre ab Aufnahme auf den Bild- oder Tonträger bemessen. Geschützt sind immer nur Vorträge oder Aufführungen eines „Werkes"; dadurch wird der Personenkreis der Leistungsschutzberechtigten von sonstigen Leistungserbringern fest abgegrenzt und der Leistungsschutz in sich beschränkt.

Aus dieser Gegenüberstellung ist die materiellrechtliche Diskrepanz erkennbar. Überdies weist der Ministerialentwurf, anders noch als der vorausgegangene Referentenentwurf (§ 77), für ausübende Künstler kein Recht zur öffentlichen Lautsprecherwiedergabe von Sendedarbietungen auf.

Die Entscheidungen vom 31. Mai 1960 werden sich über die beigelegten Streitfälle hinaus im Grundsätzlichen weiter auswirken. Die ausübenden Künstler werden auch in anderen Fragen in die ihnen zuerkannten Positionen der Urheber einrücken [135]). Die bereits bestehenden und etwa sich sonst noch bildendenVerwertungsgesellschaften für Leistungsschutzrechte werden ihnen dazu verhelfen. Schon lassen Anzeichen der Praxis darauf schließen, daß sich von seiten der ausübenden Künstler der Konflikt um den Einbruch von Nutzungsrechten in den persönlichkeitsrechtlich geschützten Gegenbereich der privaten Sphäre [136]) neu beleben und sich gegenüber bisher noch vertiefen wird. Entscheidungen, die der Bundesgerichtshof zur Förderung der Rechte der Urheber getroffen hat, werden zwangsläufig die Grundlage für parallele Entscheidungen zugunsten ausübender Künstler abgeben. Im Schatten der Urheber und ihrer Erfolge entwickelt sich so eine Gruppe von Berechtigten, ide keine Werkurheber sind.

Durch die Einbeziehung des Persönlichkeitsrechts sind die ausübenden Künstler für ihren Schutzbereich bereits besser gestellt als die Urheber, denn die Urheberrechtsgesetze lassen eine Anwendung des Persönlichkeitsrechts in der Art, wie der Bundesgerichtshof dies in seinen Entscheidungen für die ausübenden Künstler praktiziert, in keinem Falle zu.

---

[135]) Peter in GRUR, Ausl. und InternTl. 1960, 185 befürchtet, daß allein schon der Bearbeiterschutz des „schöpferischen" Interpreten (i. S. der Trollerschen These) nicht vor der Verfilmung oder Fernsehfestlegung (Ampexverfahren) haltmachen werde und spricht, wenn auch ohne Bezugnahme auf die damals noch nicht ergangenen Urteile des Bundesgerichtshofs, von der Aufrichtung „einer wirklichen Dornenhecke gegenüber der Allgemeinheit". Über konkrete und mögliche Auswirkungen auf den Film siehe Haeger in Film und Recht Nr. 11/1960 (S. 9 ff.).

[136]) Vgl. die beiden Magnettonband-Urteile des Bundesgerichtshofs vom 18. Mai 1954 in BGHZ 17, 266 = UFITA Bd. 20 (1955) S. 314 und 335 sowie die scharfe Grundsatzkritik an diesen Urteilen durch de Boor in der JZ 1955, 747 ff. Über den Zusammenhang mit der Idee vom „geistigen Eigentum" vgl. Roeber, Urheberrecht oder Geistiges Eigentum, Heft 1 der Schriftenreihe der UFITA, 1956, S. 10 ff. und Hirsch in „Aktuelles Filmrecht", Heft 1 der Schriftenreihe der UFITA, 1958, S. 3 mit Anm. 5.

Darüber hinaus droht durch die Einbeziehung des Persönlichkeitsrechts die Gefahr einer nicht mehr kontrollierbaren Ausweitung des Personenkreis der Schutzberechtigten. Der Bundesgerichtshof selbst verweist auf Artisten und Sportler. Auch das Urheberrecht wird dadurch in Mitleidenschaft gezogen. Wo Ansprüche nicht mehr aus dem Urheberrecht hergeleitet werden können, wird ersatzweise das Persönlichkeitsrecht herangezogen werden. Es widerspräche den Lebenserfahrungen, wenn die damit reichlich erschlossenen Möglichkeiten der rechtlichen Nivellierung des Schutzes von Interessentenseite in der Praxis nicht genutzt und ausgebaut würden. Der Fußgänger als Leistungsschutzberechtigter mag heute noch als eine überspitzte Denkvorstellung gewertet werden. Keiner aber weiß, ob sie nicht zur Wirklichkeit wird.

Über die Verwertungsgesellschaften werden sich die ausübenden Künstler auf der für sie jetzt erschlossenen Rechtsgrundlage eine Position sichern, die es fraglich erscheinen läßt, ob der Gesetzgeber stark genug sein wird, sie zu erschüttern. Die Verwertungsgesellschaften werden nach Maßgabe der bereits ergangenen Entscheidungen für das Vervielfältigungs- und das Senderecht, für die öffentlichen Aufführungen und für die öffentliche Wiedergabe von Sendedarbietungen in gewerblichen Betrieben kassieren. Dem allein gegenüber nehmen sich die Reformabsichten des Ministerialentwurfs bereits ein Jahr nach seiner Vorlage als dürftig und unrealistisch aus.

Die neuen bundesdeutschen Gesetze sind nach maßgeblichen Erklärungen kaum vor den nächsten fünf Jahren zu erwarten. Die ausübenden Künstler haben also genügend Zeit, mit Hilfe ihrer Verwertungsgesellschaften die geltende Rechtslage für sich auszuschöpfen und in dieser Zeit Tatsachen der Praxis zu schaffen, an denen der Gesetzgeber nicht mehr oder doch nur schwer vorbeigehen kann.

FSC
www.fsc.org
MIX
Papier | Fördert gute Waldnutzung
FSC® C083411

Kolibri 360 GmbH
Ferdinand-Jühlke-Straße 7
99095 Erfurt, Deutschland
produktsicherheit@kolibri360.de